DU DROIT DES PAUVRES

SUR

LES SPECTACLES A PARIS

THÈSE POUR LE DOCTORAT

Présentée et soutenue le mardi 22 mai 1900, à 10 heures.

PAR

René de GUILLIN

Président : M. BERTHÉLEMY,

Suffragants : { MM. SAUZET   *professeur.*
JACQUELIN   *agrégé.*

PARIS

LIBRAIRIE NOUVELLE DE DROIT ET DE JURISPRUDENCE

ARTHUR ROUSSEAU, ÉDITEUR

14, RUE SOUFFLOT ET RUE TOULLIER, 13

1900

BIBLIOTHÈQUE NATIONALE
B F
IMPRIMÉS

THÈSE

POUR LE DOCTORAT

La Faculté n'entend donner aucune approbation ni improbation aux opinions émises dans les thèses ; ces opinions doivent être considérées comme propres à leurs auteurs.

DU DROIT DES PAUVRES.

SUR

LES SPECTACLES A PARIS.

THÈSE POUR LE DOCTORAT

L'ACTE PUBLIC SUR LES MATIÈRES CI-APRÈS
Sera soutenu le mardi 22 mai 1900, à 10 heures.

PAR

RENÉ DE GUILLIN.

Président : M. BERTHÉLEMY,
Suffragants : { MM. SAUZET   *professeur.*
          JACQUELIN   *agrégé.*

PARIS

LIBRAIRIE NOUVELLE DE DROIT ET DE JURISPRUDENCE

ARTHUR ROUSSEAU, ÉDITEUR

14, RUE SOUFFLOT ET RUE TOULLIER, 13

1900

BIBLIOTHÈQUE NATIONALE — IMPRIMÉS — DON. N.° 97207

CHAPITRE PREMIER

HISTORIQUE

Notre législation financière compte peu d'institutions qui aient une histoire aussi agitée et aussi complexe que l'impôt du droit des pauvres. Depuis 1699, date de sa création, jusqu'à nos jours, il a été combattu sans cesse par les directeurs de théâtres et par les publicistes.

Ces luttes ne furent pas toutes stériles ; elles ont eu en effet une répercussion continuelle sur l'histoire de la taxe sur les spectacles publics.

Nombre de fois, il semble que l'existence même de cet impôt est gravement compromise et qu'il va être définitivement abrogé. Au xviiie siècle le ministre d'Argenson le supprime mais le rétablit presque immédiatement. En 1789, il disparaît dans le mouvement qui entraîne tout l'ancien régime, puis, quelques années après, en l'an V, ce sont les Assemblées du Directoire qui lui donnent sa forme actuelle et ses lois fondamentales. De

même encore, sous Louis-Philippe comme à la fin
du Second Empire, l'état de l'opinion comme les
désirs du gouvernement, tout semble présager une
transformation profonde : des événements comme
la Révolution de 1848 ou la guerre de 1870 font
ajourner toute réforme.

Malgré toutes ces vicissitudes, cet impôt est toujours en vigueur et, chose curieuse, cette institution qu'on n'a pu détruire, on n'est pas même ar-
rivé à la modifier d'une manière durable. Bien
souvent, pendant deux siècles, les directeurs de
théâtres obtiennent de véritables avantages : les
nombreuses ordonnances de l'ancien régime sont
là pour le prouver. Tantôt, ils sont autorisés à ne
payer l'impôt que sur la recette nette ; tantôt ils
obtiennent des abonnements ou des réductions de
taux. De ces mesures qui furent en vigueur, il ne
reste rien et, somme toute, ce sont encore, soit dans
leur esprit soit dans leur lettre, les ordonnances
de 1699 et de 1701 et les lois de l'an V qui restent
applicables.

Les théâtres seront-ils plus favorisés de nos
jours ? on a pu le croire : une commission de la
Chambre des Députés ayant, sur la proposition
de M. Berry, préconisé un mode de perception
tout nouveau ; mais depuis trois ans, la question
n'est pas venue en discussion.

C'est l'histoire de ces luttes et de leurs effets que

nous devons maintenant exposer, étude importante pour notre sujet, puisque c'est là qu'adversaires et partisans trouvent leurs principaux arguments pour ou contre le droit des pauvres.

Après avoir rappelé les précédents historiques de cet impôt, l'histoire de sa création par Louis XIV, nous le suivrons dans les diverses phases de son histoire jusqu'à nos jours.

TITRE PREMIER

LE DROIT DES PAUVRES SOUS L'ANCIEN RÉGIME

On ne trouve ni en Grèce ni à Rome d'institution comparable à notre droit des pauvres : à Athènes, du temps d'Aristophane et de Ménandre, le peuple est admis librement au spectacle et le pauvre reçoit à la porte l'obole nécessaire à sa place et à sa consommation ; à Rome on cite ce fait qu'à l'issue des jeux, quelques citoyens riches lançaient au milieu de la plèbe de petits globes de bois qui portaient une inscription et permettaient au porteur de se faire délivrer soit une somme d'argent, soit un char, etc. (1).

SECTION I

LES ORIGINES DU DROIT DES PAUVRES EN FRANCE

I. — Les Mystères

L'histoire du droit des pauvres commence avec

(1) Voyez Cros-Mayrevieille. *Le droit des pauvres en Europe*, 1889.

la renaissance de l'art dramatique qui eut lieu en France pendant le quatorzième siècle.

A cette époque s'introduit, à Paris, la coutume de célébrer des fêtes comme celles de l'Ane ou des Fous ; dans les carrefours, aux abords des églises et dans les églises mêmes, des acteurs de bonne volonté représentent les principaux mystères du christianisme. Bientôt d'ailleurs, des troupes régulières se forment et le 4 décembre 1402, le roi Charles VI autorise une de ces troupes, les confrères de la Passion, à représenter les mystères à Paris, sans leur imposer aucune redevance en faveur des pauvres.

Si les mystères y échappent, il n'en est pas de même pour l'importante corporation des ménétriers. Une ordonnance du 24 avril 1407 porte en effet : « Pour ce que l'hôpital Saint-Julien, rue « Saint-Martin, n'a d'autres rentes sinon des « aumônes des bonnes gens, les ménestrels sont « et seront tenus de demander et cueillir l'aumône « Saint-Julien aux noces où ils seront loués et par « dons accoutumés » (1). De plus, la moitié des amendes à eux infligées devront être versées au même hôpital.

Voilà la première mesure qui semble se rapprocher de notre impôt actuel, ce fut la seule

(1) Ordonnance du Louvre, IX, 198.

jusque vers le milieu du xvie siècle. Pendant ce long espace de temps, les représentations des mystères avaient complètement changé de caractère. De simples manifestations religieuses et édifiantes qu'elles avaient été à l'origine, elles étaient devenues de véritables représentations théâtrales, où la religion jouait encore un rôle mais minime, et en tout cas accessoire. Les quêtes pour les pauvres restaient improductives dans les Églises désertées pour le spectacle, et les acteurs encaissaient de superbes recettes. Cela ne parut pas juste au Parlement de Paris qui, le 1er septembre 1539, rendit l'arrêt suivant (1) :

« La Court, dûment avertie que, au moyen du
« Jeu de la Passion, les aumônes des pauvres de
« cette ville ont été discontinues et que les maî-
« tres dudit jeu ont reçu grand sommes de deniers
« au moyen d'icelluy, a ordonné et ordonne
« auxdits maîtres présents, pour ce mandès en
« icelle court, mettre dedans és mains du tréso-
« rier desdits pauvres la somme de 800 livres
« parisis par forme de prêt. »

Le paiement de cette somme n'était qu'une mesure provisoire, car le Parlement ordonnait que les comptes seraient examinés de manière à

(1) *Archives nationales.* Parlement. Conseil. 1543. f. **722.** n° 713.

ce qu'on puisse demander une plus forte aumône
s'il y avait lieu.

Cependant les abus continuaient et un nouvel
arrêt du Parlement vint bientôt les constater et
tâcher de les réprimer. Ses motifs font sentir ce
qu'étaient devenues les représentations des mystères. Il ne restait plus rien de la simplicité religieuse d'autrefois. Le personnel des acteurs avait
changé ; ce sont, en 1541, « aucuns particuliers,
« gens non lettrés ni entendus en telz affaires, et
« gens de condition infime, comme un menuisier,
« un sergent à verge et autres semblables ». Ces
Comédiens ajoutaient aux Actes des Apôtres, faisaient durer trois ou quatre jours ce qui ne
devait en durer qu'un et « ils entremettaient à la
fin ou au commencement force lascives et mocqueries ». De tout cela, le résultat était, chose grave
à cette époque « cessation de service divin, refroi-
« dissement des charités et aumônes, adultères et
« fornications infinies, scandales, dérisions et
« mocqueries ». Le commun peuple délaissait
pour le spectacle la messe paroissiale, sermon et
vêpres. « Il y avait tel concours et affluence de
« peuple, dit l'Etoile, que les quatre meilleurs pré-
« dicateurs de Paris n'en avaient pas trestous
« ensemble autant quand ils prêchaient ». En six
mois, les aumônes diminuèrent de 3.000 livres.
C'est pourquoi, les acteurs voulant continuer l'an-

née suivante, à donner des représentations si fructueuses, le procureur général du roi. « prenant en mains le fait pour les pauvres de Paris », demande au Parlement l'entérinement de sa requête tendant à ce que les acteurs versent les 800 livres parisis qu'ils doivent depuis 1539. De plus et vu les dépenses déjà faites, ces comédiens pourront être autorisés par le roi à représenter le Vieux Testament « sous condition qu'ils mettront « dans la caisse des pauvres, la somme que la « Cour dira » (1). Le Parlement ratifia ces propositions. Le droit des pauvres était né.

D'après ces documents, il est facile de se rendre compte quel fût à l'origine le caractère juridique du droit des pauvres. Nous le voyons apparaître d'abord sous la forme d'une quête obligatoire: la charité restant facultative pour le public, puis vers le milieu du xvi° siècle, l'institution prend corps et c'est aux acteurs eux-mêmes qu'on demande une part de leurs bénéfices en faveur des malheureux. Les causes de cette exigence sont contenues dans les motifs de l'arrêt de 1541. Le Parlement constate l'abandon des cérémonies du culte et la diminution des aumônes. Les pauvres perdant par la faute des comédiens une partie de leurs ressources, c'est à ceux-ci de réparer le mal

(1) *Archives nationales*. Parlement. Matinées. 4914-80-82.

qu'ils font. C'est donc une idée philanthropique et religieuse qui se trouve à cette époque être la base de cette nouvelle institution.

II. — Les Théâtres aux XVIe et XVIIe siècles.

Le 17 novembre 1548, le Parlement fait défense aux confrères de la Passion de représenter des mystères « leur permettant néanmoins de pouvoir jouer autres mystères profanes, honnêtes et licites »(1). Dès lors l'art dramatique perdit en France le caractère religieux qu'il avait eu jusqu'alors. De véritables théâtres, au sens moderne du mot, se créèrent, avec un nouveau répertoire qui ne rappelait en rien les scènes naïves d'autrefois.

Cependant l'arrêt de 1541 fut maintenu. Son application n'eut d'ailleurs rien de fixe ni de général. A Paris, le Parlement ou les autorités municipales fixaient arbitrairement la somme à verser par les acteurs, au moment où ceux-ci demandaient l'autorisation de jouer. Beaucoup de troupes dramatiques y échappaient et plus encore essayaient d'y échapper. De nombreux jugements en font foi : ainsi à Bordeaux en 1619, à Dijon en 1654, à Paris en 1664 et même contre Molière en 1658.

____

(1) G. Bureau. *Législat. des théâtres*, p. 26.

On pourrait s'étonner à bon droit du maintien de l'arrêt de 1541, puisque, les spectacles étant devenus profanes, ils auraient dû être libérés d'exigences de charité, dont le caractère essentiellement religieux des Mystères avait fait une obligation pour les confrères de la Passion. Mais il faut remarquer que, sous l'influence de l'Église, une nouvelle idée était intervenue. Les comédiens, peu estimés par le public, étaient excommuniés et ne pouvaient être enterrés en terre sainte : c'est pourquoi on leur demandait de purifier leurs recettes par l'aumône. Les acteurs eux-mêmes s'en rendaient si bien compte que les théâtres qui réussissaient à échapper à la taxation se croyaient cependant obligés de faire des dons importants aux Ordres religieux. Il en existe de nombreux exemples : ainsi nous voyons une troupe s'installer près de Saint-Germain-des-Prés et promettre de donner tous les mois 3 livres aux Récollets, aux Carmes Déchaussés, aux Grands Augustins, de plus chaque Dimanche « 18 sols pour les chandelles des Religieux » (1695). Les registres de la troupe de Molière tenus par Lagrange montrent aussi combien les Comédiens recevaient de demandes d'argent. Ces registres contiennent des mentions d'aumônes fréquentes et même journalières, qui prouvent qu'il était difficile de refuser (1).

(1) Des Essarts. *Histoire des trois théâtres*, p. 37.

Cette charité forcée n'était pas sans utilité pour les compagnies dramatiques et leur servit souvent à triompher de leurs détracteurs. René Benoit, curé de Saint-Eustache, vivant en mauvaise intelligence avec ses voisins de l'Hôtel de Bourgogne, demanda au Parlement que les représentations n'eussent lieu qu'une fois les offices terminés. Par un arrêt du 6 novembre 1574, le Parlement donna gain de cause aux Comédiens, « faisant état des « 300 livres qu'ils baillent aux Enfants de la Tri-« nité, tant pour le service divin qu'entretenne-« ment des pauvres » ; nouvelle protestation en 1577, même réponse le 26 septembre (1).

Heureux encore les théâtres en France car, en Espagne, toute la recette allait aux pauvres et, pour arriver à ce résultat, les Congrégations charitables étaient seules autorisées à jouer. C'est ainsi qu'à Cadix en 1685, les moines de Saint-Jean-de-Dieu, dit un voyageur (2), n'avaient d'autres revenus que le Coréal, c'est-à-dire le théâtre où l'on jouait la Comédie. « En Hollande, au mois de « mai 1681, dit le poète Regnard, nous apprîmes « qu'à Amsterdam, tout l'argent de la recette de la « Comédie allait aux pauvres et que la ville elle-« même entretenait les comédiens à qui elle donnait « une certaine pension. »

(1) *Archives nationales*. Parlement. Conseil, 1645, f. 351.
(2) R. P. Labat. *Voyage en Espagne.*

De telles idées devaient fatalement aboutir en France à une réglementation plus sévère en faveur des pauvres. La fondation par Louis XIV, en avril 1656, de l'Hôpital général hâta ce mouvement. L'Hôpital général pouvait recevoir 6 à 7.000 pauvres. Sa création était une mesure de police autant que de charité. « Il était destiné à débarras-
« ser Paris des nombreux mendiants qui l'infes-
« taient, le pillaient, et à la moindre alerte trou-
« vaient un refuge dans les onze Cours des
« Miracles : personne n'osait y pénétrer et la loi
« s'arrêtait impuissante à leur seuil » (1). A une telle œuvre on comprend qu'il fallait de grands revenus, aussi le roi lui accorda un grand nombre de privilèges. Mais, malgré tout, les ressources étaient encore insuffisantes : c'était aux théâtres que Louis XIV allait demander d'aider à l'entretien des pauvres de Paris. Trois ordonnances, du 30 avril 1673, du 22 mai 1675, du 27 juillet 1682 attri-buèrent les amendes infligées aux comédiens à l'Hôpital général, mais c'était peu de chose : l'or-donnance de 1699 vint alors donner au droit des pauvres sa première organisation régulière.

(1) A. Feillet. *La misère au temps de la Fronde.*

SECTION II

L'ORDONNANCE DE 1699 ET SES DIVERSES MODIFICATIONS
JUSQU'EN 1789

I. — Sous Louis XIV.

1) L'ordonnance de 1699. — L'ordonnance de
1699 est le premier acte législatif où l'on trouve
nettement exprimée l'intention de faire contribuer les recettes de tous les théâtres au soulagement des pauvres. Le moment était d'ailleurs
bien choisi, car la misère était grande à Paris
et, comme l'écrivait Pontchartrain à M. de Harlay,
« il fallait chercher des remèdes à la mendi-
« cité dont Paris était fatigué ». Les ressources de
l'Hôpital général ne suffisaient pas et, à cette époque, l'Opéra, sous l'habile direction de Francine,
faisait de fort belles recettes ainsi que la Comédie, réduite à un seul théâtre.

On a voulu aussi chercher les motifs de l'ordonnance dans l'influence de l'entourage de Louis XIV,
devenu, à la fin de son règne, fort dévot. « La ca-

« bale, disait-on, n'ayant pu faire supprimer les
« spectacles, se dédommage en les faisant mettre à
« contribution pour ses pauvres ». Quant à nous,
les motifs officiels nous semblent suffisants pour
expliquer la régularisation d'un impôt qui avait
déjà des précédents

Quoi qu'il en soit, nous devons transcrire dans
son entier l'ordonnance du 25 février 1699, car
tout, motif et dispositif, allait être sujet à discussion, aussi bien à l'époque que de nos jours.

« Sa Majesté, voulant autant qu'il est possible,
« contribuer au soulagement des pauvres dont
« l'Hôpital général est chargé, et ayant pour cet
« effet employé tous les moyens que la charité
« lui a suggérés, elle a cru devoir encore leur
« donner quelque part aux profits considérables
« qui reviennent des Opéras de musique et des
« Comédies qui sont joués à Paris par sa permis-
« sion.

« C'est pourquoi Sa Majesté a ordonné et or-
« donne qu'à l'avenir il sera levé et reçu au profit
« dudit Hôpital général un sixième *en sus* des
« sommes que l'on reçoit à présent et que l'on re-
« cevra dans l'avenir pour l'entrée aux dits Opéras
« et Comédies — lequel sixième sera remis au
« receveur du dit Hôpital général pour servir à la
« subsistance des pauvres » (1).

(1) *Code de l'Hôpital général,* 1786.

2) *Ordonnance de* 1701. — *Mode de percep-tion.* — Une chose restait obscure : la question du mode de perception. L'ordonnance indiquait bien un moyen mais, dès l'abord, cela ne sembla pas pratique. L'administrateur de l'Hôpital écrivit au président de Harlay « qu'il lui paraît « qu'il sera bien plus commode pour l'Hôpital « même, pour Francine et pour tout le monde, que « ce fût Francine lui-même pour l'Opéra et les « comédiens pour la Comédie qui s'abonnassent « à une certaine somme, plutôt que d'y met- « tre ou un receveur particulier ou un contrôleur, « ce qui serait sujet à mille et à mille inconvé- « nients » (1).

De fait, cette demande fit remplacer la percep-tion sur la recette brute par l'abonnement qui fut fixé à 40.000 livres pour l'Opéra et à 25.000 pour la Comédie.

Mais, on ne fut pas longtemps à s'apercevoir que les pauvres perdaient beaucoup par l'application de ce système et que le montant de l'abonnement était bien inférieur à ce qu'aurait produit la per-ception du sixième. La mesure n'avait profité qu'aux théâtres qui avaient augmenté le prix de leurs places. Enfin, ce qui était plus grave, c'est que ce mode de perception semblait légitimer cer-

(1) *Correspondance administrative de Louis XIV*, t. II, p. 758.

taines réclamations fort dangereuses pour l'impôt lui-même. Avec l'abonnement, l'impôt n'était plus proportionnel aux prix des places, comme l'avait voulu l'ordonnance de 1699 qu'on pouvait interpréter ainsi : Les spectateurs paient un sixième en sus du prix de leurs places en faveur des pauvres ; or, les directeurs, payant des sommes fixes, prétendaient être les véritables imposés : d'où des réclamations sans nombre que l'impôt fût perçu sur la recette nette et non sur la recette brute : prétention manifestement contraire à l'ordonnance, mais que semblait légitimer le système de l'abonnement.

Bref, Louis XIV voyant son œuvre de 1699 en péril rendit une nouvelle ordonnance le 30 août 1701, où il était dit « que le sixième continuerait à « être perçu sur le produit des places des opéras « et comédies, sans aucune diminution sous pré- « texte de frais ou autrement » (1).

Les comédiens réclamèrent de plus belle mais on n'était guère disposé à les écouter. Quand il s'agit de porter à l'hôpital le premier versement de ce sixième que l'abonnement rendait autrefois si léger, ce fut Dancourt qui se chargea de le présenter à M. de Harlay. Il demanda, qu'en échange de la charité faite par les comédiens, ceux-ci fussent

____

(1) Delamare. *Traité de la police*, I, 445, livre III, titre 3.

déchargés à l'avenir de l'excommunicat'on qui les frappait. M. de Harlay lui répondit : « Dancourt, nous avons des oreilles pour vous entendre, des mains pour recevoir ce que vous devez aux pauvres, mais nous n'avons pas de langue pour vous répondre » (1).

Il était même si peu question de supprimer ou de modifier l'impôt qu'une ordonnance du 30 janvier 1713 étendit la perception aux théâtres des foires Saint-Germain et Saint-Laurent, où jouait le fameux Nicolet, et à tous les autres spectacles populaires (2).

II. - Sous Louis XV.

1) *Ordonnance du 5 février 1716. Le neuvième en faveur de l'Hôtel-Dieu.* — En 1716, les administrateurs de l'Hôpital général adressent une requête au roi, lui remontrant « que le « nombre des pauvres et des malades a grandement augmenté, qu'on est obligé d'en

(1) Edouard Fournier. *Le théâtre et les pauvres*, p. 20.
(2) *Code de l'Hôpital général*, p. 562.

« mettre six ou huit dans le même lit » d'où
nécessité de construire de nouvelles salles. Pour
trouver des ressources, on a recours au droit des
pauvres. Le 5 février 1716, le roi, sur l'avis du
régent, ordonne « qu'il soit levé à Paris un neu-
« vième par augmentation sur l'ancien prix des
« places » (1). Jamais l'impôt ne fut si lourd qu'à
cette époque. Avec le sixième de l'ordonnance de
1699, cela faisait les $5/18^e$ de la recette, c'est-à-dire
plus du quart du prix des places.

Malheureusement, il ressort des documents du
temps que bien peu de cette surtaxe ne parvînt aux
pauvres. Leclerc du Brillet écrit : « On vit Monsieur
« le premier président de Mesme et M. d'Agues-
« seau, procureur général, déterminer le roi à
« consentir en faveur de Delamare à une augmen-
« tation d'un neuvième sur les entrées aux spec-
« tacles » (2). Les archives de l'Hôtel-Dieu contiennent à cet égard un arrangement significatif : il
s'agissait surtout d'aider le sieur Delamare,
commissaire au Châtelet, de terminer son traité
de la Police, ouvrage fort utile mais qui coûtait
extrêmement cher. D'après le contrat qui fut passé,
il fut entendu que « le bureau de l'Hôtel-Dieu se

(1) *Arch. nationales.* AD, 8-10.

(2) Leclerc du Brillet était le continuateur des travaux de Delamare.

« chargera de payer pendant 20 ans et sur le pro-
« duit du dit neuvième 20.000 livres pendant dix
« ans et 10.000 les dix années suivantes, la moitié
« de ces sommes étant employées à payer les
« recherches, les copistes et l'impression de ce
« qui reste à imprimer du traité de la Police » (1).

Cet arrangement eut pour résultat de faire
maintenir pendant de longues années une surtaxe
qui ne devait durer que le temps de construire de
nouvelles salles; les paiements à la famille de
Delamare cessèrent le 10 janvier 1736, mais il est
encore question de ce neuvième dans un arrêt du
Conseil de 1757 (2).

2) *Ordonnance du 4 mars 1719.* — Dès l'ap-
parition de l'ordonnance de 1716, on pense si les
comédiens protestèrent : ils pétitionnèrent sans
trêve ni merci. Ils soulevèrent de nouveau la
question de la perception sur la recette nette,
se fondant sur la confusion du prix des places
et de l'impôt : ils soutenaient qu'on devait leur
permettre de défalquer du chiffre de la recette les
frais quotidiens et de ne percevoir le sixième et le
neuvième que sur le chiffre ainsi obtenu. Les or-

(1) *Archives Hôtel-Dieu.* Lay 177, liasse 936, n° 2.
(2) *Histoire générale de Paris.* Introduction, 1866, p. 99.

donnances précédentes, surtout celle de 1716,
étaient trop contraires à cette manière de voir
pour que la protestation fût accueillie. On ne se
borna pas cependant à rejeter les prétentions des
comédiens : une nouvelle ordonnance du 4 mars
1719 vint formellement rappeler les principes en
mettant fin à toute discussion :

« Sa Majesté étant informée qu'au préjudice
« desdites lettres patentes et ordonnances dont les
« dispositions sont si précises, les directeurs de
« l'Opéra et les Comédiens français et italiens
« ont depuis quelques mois prétendu que le sixième
« et le neuvième ci-devant attribués à l'Hôpital
« général et à l'Hôtel-Dieu ne devaient être perçus
« qu'après avoir prélevé les frais de représenta-
« tion, ce qui est manifestement contraire aux
« dites lettres patentes et ordonnances et ne peut
« d'ailleurs avoir aucune apparence de justice,
« d'autant que le sixième et le neuvième, étant
« perçus par augmentation, les directeurs de l'O-
« péra et les Comédiens reçoivent pour leur compte
« les mêmes sommes qu'avant sans aucune dimi-
« nution et sur lesquelles ils étaient obligés de
« payer les mêmes frais auxquels les spectacles
« sont nécessairement assujettis.

« A ordonné et ordonne que conformément aux
« dites lettres patentes le sixième et le neuvième
« continueront à être perçus sans aucune diminu-

« tion ni retranchement sous prétexte de frais ou
« autrement » (1).

On pourrait se demander pourquoi une nouvelle
ordonnance avait dû être rendue, puisque la
question avait été déjà clairement résolue par les
ordonnances de Louis XIV.

Deux autres ordonnances émanant du lieute·
nant général de police en donnent l'explication.
Les comédiens n'avaient pas hésité à mettre en
pratique la réforme qu'ils réclamaient ; ils avaient,
de leur autorité privée, prélevé chaque jour les
frais de représentation et ils ne payaient plus
l'impôt que sur la recette nette ; l'ordonnance de
1719 venant leur donner tort, l'Hôpital voulut recouvrer la partie de l'impôt indûment retenue, il
pratiqua des saisies sur les recettes (2) ; malheureusement les recettes de 1718 et de 1719, d'ailleurs très faibles, n'existaient plus et les comédiens étaient incapables de restituer. Sur leurs
doléances, le lieutenant de police, après avis des
établissements charitables, autorisa l'Opéra par
ordonnance du 11 octobre 1720 et la Comédie le 17
mai 1721 à ne rembourser qu'une partie des
sommes à recouvrer (3).

---

(1) Ordonnance contentieuse publiée le 16 mars. Voir *Code de
l'Hôpital général*. « Spectacles ».

(2) *Arch. Hôtel-Dieu*. Collection Brièle, t. I, p. 284.

(3) *Code de l'Hôpital général*. (Voyez « Spectacles »).

3) Ordonnance du 10 avril 1721. — Perception sur la recette nette. — L'ordonnance du 11 octobre 1720 annonçait un revirement qui ne fut pas long à se manifester, du moins pour l'Opéra. De l'excès de rigueur de 1719 allait sortir pour les théâtres une amélioration sensible. En 1720 la situation de l'Opéra était mauvaise : de Pâques à novembre on avait fait 296.597 livres de recettes et dépensé 299.691 livres. Il fallut que l'autorité royale intervînt, et moins de deux ans après l'ordonnance de 1719, on appliqua à l'Opéra le système d'un certain prélèvement pour frais de chaque représentation. L'ordonnance du 10 avril 1721 autorisa les directeurs de l'Opéra à prélever chaque jour 6.000 livres (1).

La concession faite à l'Opéra était d'ailleurs assez peu importante, car l'ordonnance ne visait que le neuvième dû à l'Hôtel-Dieu : il ne devait être perçu qu'après prélèvement des 6.000 livres. Quant au sixème dû à l'Hôpital général : il devait toujours être perçu sur la recette brute.

Par ordonnance du 21 juillet 1721, la faveur faite à l'Opéra fut étendue à l'Opéra-Comique. Malgré les réclamations des autres théâtres, ja-

---

(1) *Collection des Inventaires de l'Hôtel-Dieu,* page 377, nᵒˢ 5.005, 5.011, 5.015.

loux du privilège accordé aux spectacles de chant, la mesure ne leur fut appliquée que beaucoup plus tard.

4) Ordonnances de 1732. Réglementation du mode de perception — Les ordonnances de police du 17 mai 1732 pour l'Hôpital général et du 6 février 1732 pour l'Hôtel-Dieu réglementèrent le mode de perception (1).

Le préposé de ces établissements devait assister au compte de chaque représentation et signer les feuilles de produit avec le Directeur. Le double de ces feuilles et le produit du droit devaient être remis tous les mois aux receveurs des Hôpitaux. Un ou plusieurs contrôleurs devaient surveiller la perception.

Enfin en 1736 (2) on autorisa les comédiens français et italiens à prélever chaque soir 500 livres pour frais. Le produit du droit des pauvres fut en 1733 de 53.243 livres.

5) Les projets de d'Argenson en 1749. — « Ce jourd'hui, 16 du courant, lit-on dans le « Journal de Collé (3), j'ai été à la Comédie Fran-

---

(1) *Code de l'Hôpital général.* Voyez spectacles.
(2) *Collection des Inventaires sommaires Hôtel-Dieu*, p. 377.
(3) *Collé Journal*, page 230.

« çaise où j'ai appris qu'on ne retiendrait plus le
« quart des pauvres... Cette espèce d'impôt, qui
« avait été mis sur les spectacles à la sollicitation
« du cardinal de Nouailles, vient d'être enlevé à
« l'occasion de l'expulsion totale que M. d'Argen-
« son, ministre de la guerre qui a la grande
« police, veut faire des pauvres du royaume. Il
« fait prendre tous les pauvres, fait guérir à
« l'Hôpital général ceux qui ne sont pas sains et
« les fera porter pour nos colonies où il les fera
« marier et leur donnera des terres à défricher. »

Du moment qu'il n'y avait plus d'indigents, il
n'y avait plus besoin d'un impôt spécial pour les
entretenir. D'Argenson ne supprima pourtant pas
l'impôt, il continua à faire percevoir la taxe, mais
il fit mettre le produit sous sequestre, car cette
somme allait devenir sans emploi. Les hôpitaux,
voyant disparaître ainsi une part importante de
leurs ressources, réclamèrent. L'archevêque de
Paris, de qui l'Hôtel-Dieu dépendait, insista auprès
du ministre pour que les sommes retenues fussent
restituées. Celui-ci, s'apercevant bien vite que ses
projets étaient inapplicables, y renonça : c'est ce
que constate encore Collé deux mois après. « J'ai
« dit d'une manière positive que les spectacles
« avaient été déchargés du quart des pauvres.Tout
« le monde disait que c'était une affaire faite au
« moment où je l'écrivis : il n'en était rien ; la

« chose avait seulement été mise en délibération
« et l'argent en sequestre. En attendant la déci-
« sion du roi, le prince a décidé en faveur de
« l'Hôpital : les pauvres auront toujours le quart
« de la recette effectuée » (1).

6) *Transaction de* 1762. *Retour au système de
l'abonnement.* — Les directeurs de spectacles, qui
avaient cru voir disparaître pour toujours un impôt
abhorré, recommencèrent à lutter contre ce qui
leur semblait une institution inique. Forts des
concessions qu'on leur avait accordées déjà à plusieurs reprises, les directeurs des comédiens français et italiens intentèrent un procès aux administrateurs des établissements de bienfaisance. Ce
procès, après des vicissitudes innombrables, aboutit à une transaction. Un traité fut passé le 28 mars
1762 chez Dutartre, notaire (2) ; cette transaction
constate en principe que le droit doit être perçu sur
la totalité du produit des spectacles, y compris la
location des loges, les abonnements, et tout ce
qu'on reçoit journellement à la porte, sans aucune
exception (art. I). Mais les articles suivants accor-

----

(1) Ce n'était pas le quart, mais les dix-sept soixante-dixièmes
de la recette, les dix-sept soixante-huitièmes auraient juste formé
le quart.

(2) *Arch. Hôtel-Dieu.* Lay. 177, liasse 936, n° 20.

daient des abonnements au lieu de la perception directe. La Comédie Française devait payer pendant neuf ans 60.000 livres, la Comédie Italienne 40.105 et l'Opéra-Comique 14.895 livres.

Cette mesure était fort avantageuse pour les théâtres puisqu'on a estimé à 20 0/0 la réduction dont ils bénéficiaient.

III. — Sous Louis XVI.

Ce régime dura jusqu'à la Révolution. Les abonnements furent renouvelés malgré les protestations des hôpitaux. L'Opéra fut abonné pour 72.000 livres ainsi que tous les autres théâtres à des sommes variant de 600 à 60.000 livres (1).

(1) Délibérations Hôtel-Dieu. Rég. 154, 156, 155, 159.

TITRE II

LE DROIT DES PAUVRES DE 1789 A NOS JOURS

SECTION I

DE 1789 A 1817

I. — La Révolution et le Droit des pauvres.

*1) Loi du 6 août 1789. Suppression condi-
tionnelle de l'impôt.* — La loi du 6 août 1789 portait dans son article 5 : « Toutes les dîmes et rede-
« vances possédées par tous biens de mainmorte
« sont et demeurent supprimées. » C'était bien
l'abrogation de la taxe en faveur des indigents que
percevaient à Paris l'Hôtel-Dieu et l'Hôpital général : suppression platonique d'ailleurs, car la loi
ajoutait qu'en attendant le vote des moyens de
subvenir aux besoins des pauvres, on continuerait
à percevoir les droits.

En fait, il est difficile de se rendre compte si, pendant une période aussi troublée, l'impôt fonctionna bien régulièrement. De 1789 à 1796, il n'y a plus de statistique.

2) *Loi du 24 août 1790 et du 13 janvier 1791.* — Cependant, la loi du 24 août 179¹ sur l'organisation judiciaire permit aux municipalités d'autoriser des spectacles à la condition qu'ils paieraient une redevance en faveur des pauvres. Le droit existait donc toujours ainsi que le prouvent les feuilles de contrôle de la Comédie française de l'année 1790 (1).

Mais les idées révolutionnaires étaient difficilement compatibles avec les motifs qui avaient maintenu le droit des pauvres sous l'ancien régime. Les comédiens étaient devenus des citoyens comme les autres, de plus l'autorisation préalable des théâtres et leur surveillance rigoureuse ne s'accordaient guère avec les idées de liberté absolue répandues à cette époque. La liberté industrielle des théâtres fut, en effet, proclamée par la loi des 13-19 janvier 1791. Les directeurs, malgré les protestations des hôpitaux (2), déclarèrent la taxe incompatible avec ce nouveau régime et

(1) Rapport de la Commission, Paris, 1870.
(2) Délib. Hôtel-Dieu, 9 févr. 1791. Reg. 161.

refusèrent l'entrée de leurs établissements aux préposés du droit des pauvres (1).

Dans la crainte de voir rétablir cet impôt détesté, ils offrirent alors aux hôpitaux le produit de certaines représentations. Un arrêté du Directoire du 11 nivôse an IV vint sanctionner ces bonnes intentions en rendant obligatoire ce qui n'avait été d'abord que facultatif. Chaque théâtre devait une fois par mois réserver une soirée dont la recette irait totalement aux pauvres ; les entrepreneurs étaient d'ailleurs autorisés « à tiercer le « prix de leurs places et à recevoir les rétributions « volontaires de tous ceux qui désireraient concou- « rir à cette bonne œuvre » (2).

Le droit disparut donc de lui-même sans avoir jamais été supprimé officiellement. L'assistance publique elle-même disparut et l'impôt devenait à peu près sans objet, du moment que l'institution en faveur de laquelle il était perçu, se trouvait elle-même à peu près détruite.

(1) Registre chronologique de la Préfecture de Police, 25-26-28 avril 1791.

(2) Voyez Hostein : *De la Liberté des théâtre*, 1867.

II. — Etablissement **définitif de l'impôt**. Les lois de
l'an V (1796-1797).

Les diverses assemblées révolutionnaires avaient
bien eu le projet, surtout la Convention, de réor-
ganiser la bienfaisance sur des bases toutes nouvelles, mais le temps avait manqué et rien n'avait
encore été fait.

1) Loi du 7 frimaire an V. — En 1796, le
Directoire, voulant organiser les bureaux de bienfaisance communaux, dut leur trouver des ressources. Il proposa à cet effet au Conseil des Cinq-
Cents, le rétablissement de la taxe en faveur des
pauvres.

Le projet était précédé de considérants qu'il est
bon de citer car ils font comprendre dans quel
esprit fut rédigée la loi du 7 frimaire, la loi fondamentale de la matière.

« La saison rigoureuse s'avance, les besoins de
« l'indigence vont s'augmenter avec elle et la di-
« minution des travaux, moins multipliés que
« dans les beaux jours, affaiblira les ressources
« des familles laborieuses. Néanmoins, ce temps,
« le plus dur à passer pour ceux qui ne peuvent
« gagner le pain du jour, c'est le temps des

« plaisirs pour les personnes favorisées de la for-
« tune. Le Directoire a pensé qu'il serait aussi
« juste qu'humain de tirer parti de cette dernière
« circonstance pour venir au secours de ceux que
« leur invalidité ou le manque d'ouvrage mettrait
« dans le besoin. Une légère augmentation du
« prix des places aux spectacles dans toute la Ré-
« publique procurerait une somme assez consi-
« dérable pour aider à remplir un objet aussi
« sacré (1). »

Donc, d'un côté, les riches et les heureux de la
vie qui vont se distraire au spectacle; de l'autre
les pauvres qui souffrent; voilà le contraste sur
lequel le Directoire se fonde pour rétablir le droit
des pauvres, idée que Voltaire avait déjà exprimée
par ces paroles : « Par une police admirable, les
« voluptés même et le luxe servent la misère et
« la douleur (2). »

Il ressort également des considérants, que la
mesure devait être temporaire : c'était un moyen
provisoire de secourir les pauvres pendant l'hiver.

Voici le texte de la loi :

« Art. 1. — Il sera perçu un décime par franc
« *en sus* du prix de chaque billet d'entrée pendant
« six mois, dans tous les spectacles où se donnent

---

(1) *Moniteur*, 14 brumaire an V.
(2) Voltaire. *Dictionnaire philosophique*. Voyez Charité.

« des pièces de théâtre, des bals, des feux d'arti-
« fices, des courses et exercices de chevaux.

« Art. 2. — Le produit de la recette sera em-
« ployé à secourir les indigents qui ne sont pas
« dans les hospices.

« Art. 3. — Les administrations détermineront
« les mesures qu'elles jugeront convenables pour
« assurer le recouvrement de l'impôt. »

Par rapport à ce qui existait sous l'ancien régime le taux est considérablement abaissé : du
quart il passe au onzième de la recette ; de plus
l'impôt s'applique dès lors, non plus seulement
aux théâtres mais à tous les genres de spectacles
connus à cette époque.

Quant aux bénéficiaires de la taxe, ce sont les
bureaux de bienfaisance seuls. Les hôpitaux n'ont
plus aucune part au produit.

Une telle situation ne pouvait durer, c'est pour
y remédier que fut rendue la loi du 8 thermidor.

2) *Loi du 8 thermidor an V.* — Comme il
était impossible de retirer aux bureaux de bienfaisance une partie de leurs revenus fiscaux pour
la donner aux hospices, il fallut augmenter le produit de l'impôt.

Le compte rendu de la séance porte : « le Conseil

« reçoit la résolution d'hier qui proroge l'impôt
« d'un décime par franc et d'un quart de la re-
« cette pour les fêtes champêtres ».

Malgré les protestations de Porcher qui essaya
de défendre les fêtes « au nom de la gaieté française », l'Assemblée vota la résolution sans modification (1).

L'article I proroge l'impôt pour six mois et n'ap-
porte aucune innovation en ce qui concerne « les
« spectacles où se donnent les pièces de théâtre ».

Mais l'article II aggravait dans une large mesure
la situation des autres spectacles « le même droit
« d'un décime par franc à l'entrée des bals, con-
« certs, feux d'artifice, exercices de chevaux et
« autres fêtes où l'on est admis en payant est porté
« au quart de la recette ».

L'article III rendait aux hospices une part du
produit de l'impôt « dans les proportions qui se-
« raient déterminées par le bureau central dans
« les communes où il y a plusieurs municipalités
« et par l'administration municipale dans les
« autres ».

3) Arrêté du 29 frimaire an V. — Dès la loi
du 7 frimaire, les administrations municipales
avaient fait établir des bureaux de perception

____

(1) *Moniteur*, 14 thermidor an V.

dans tous les théâtres : les entrepreneurs de spectacles soulevèrent alors un grand nombre de difficultés. Le mode de perception n'avait pas été réglé d'une façon pratique : le spectateur, avant d'entrer au théâtre, devait passer successivement par deux bureaux, l'un pour le droit des pauvres, l'autre pour l'entrepreneur.

Le Directoire, autant pour briser les résistances que pour simplifier la perception, rendit l'arrêté du 29 frimaire (1). Les directeurs devaient eux-mêmes percevoir la taxe au nom des établissements de bienfaisance ; le primidi de chaque décade, les registres d'entrée seraient envoyés au bureau central, lequel devait faire le décompte de la somme à verser.

III. — Mesures législatives sous le Consulat et l'Empire.

1) Prorogations successives. — L'impôt restait toujours provisoire et temporaire. De l'an V à 1809, il fut prorogé successivement de six mois en six mois par les lois des 2 floréal an V, 8 thermidor an V, 2 frimaire an VI, sixième jour complémentaire de

____

(1) *Recueil des lois, ordonnances, etc.*, applicables à l'Assistance publique à Paris, 1887, p. 252.

l'an VII, puis par les arrêtés des 7 fructidor an
VIII, 9 fructidor an IX, 18 thermidor an X, 10
thermidor an XI et par les décrets des 30 thermidor an XII, 8 fructidor an XIII, 21 août 1806 et
26 novembre 1808.

2) *Mesures prises pour assurer la perception.*
— Ces différents actes législatifs, hors de la prorogation, contiennent de nombreuses prescriptions
au sujet de l'impôt.

En l'an VIII, il fallut mettre les règles du droit
des pauvres en harmonie avec la nouvelle constitution. La loi de thermidor an V avait chargé les
magistrats municipaux de répartir les recettes
provenant de la taxe entre les deux bénéficiaires,
l'arrêté du 7 fructidor an VIII donne cette préro-
gative au préfet après avis du sous-préfet.

A Paris, le 23 ventôse an VIII (1), un arrêté du
préfet de police enlève aux municipalités la perception du droit et la confie directement, comme
cela existe actuellement, aux représentants des
bureaux de bienfaisance et des hospices.

On doit citer encore quelques circulaires et
arrêtés, réglant des questions de détail.

En l'an X, le ministre de l'intérieur Chaptal fait
remarquer qu'on n'a pas su tirer toutes les res-

---

(1) Dalloz. *Jurisprudence générale.* Voyez « Théâtre ».

sources possibles de la taxe ; il recommande divers moyens : perception sur la totalité du prix dans les cafés-chantants où le prix de la place est compris dans le prix de la consommation, perception dans les établissements où l'entrée est libre, mais où certains divertissements sont payants (1).

Un arrêté du 10 thermidor au XI assimila le panorama et le théâtre mécanique aux spectacles pour la quotité du droit à percevoir. Cet arrêté attribue également aux préfets en conseil de préfecture la compétence des difficultés soulevées par l'application de l'impôt, sauf recours au gouvernement (2).

3) Décret du 9 décembre 1809. *L'impôt devient définitif.* — Le décret du 9 décembre 1809, que nous ne trouvons reproduit ni au Bulletin des lois, ni au Moniteur à sa date, ne fut publié que le 13 février 1812, dans un décret relatif à l'introduction de l'impôt dans les départements de Rome et de Trasimène.

Il porte à son article Ier :

« Les droits qui ont été perçus jusqu'à ce jour
« en faveur des pauvres et des hospices, en sus de
« chaque billet d'entrée et d'abonnement dans les

____

(1) De Watteville. *Législation charitable.*
(2) Duvergier. *Collect. des Lois,* 1840, p. 230.

« spectacles et sur la recette brute des bals,
« fêtes, etc., *continueront* à être indéfiniment
« perçus, ainsi qu'ils l'ont été pendant le cours de
« cette année et des années antérieures, sous la
« responsabilité des receveurs et contrôleurs de
« ces établissements. »

Les articles 2 et 3 étaient relatifs à la question de
perception en régie et par abonnement. L'article 4
exemptait de l'impôt une partie de la recette des
représentations à bénéfice ainsi que les spectacles
gratuits.

Le point le plus important était le caractère de
permanence désormais attribué au droit des pauvres; jusque-là on devait le renouveler tous les
six mois. Mais, si, en théorie, il était temporaire,
il y avait déjà plusieurs années qu'on le considé-
rait comme définitif: la preuve en est dans les
nombreuses mesures prises pour perfectionner et
améliorer sa perception.

Ce décret de 1809 a été de nos jours vivement
attaqué et on a soutenu qu'il était illégal et incons-
titutionnel : nous verrons plus tard ce qu'il faut en
penser.

Il n'y eut d'ailleurs aucune protestation en 1809
et l'impôt continua à fonctionner, sans résistance
de la part des intéressés.

SECTION II.

DE 1817 A NOS JOURS.

1 - La Restauration.

1) *Loi du 25 mars 1817. Le droit des pauvres incorporé aux lois budgétaires.* — Quand, sous la Restauration, on dut appliquer les principes d'un gouvernement parlementaire et représentatif, on constata qu'à l'impôt en faveur des indigents, il fallait la même sanction législative qu'à toutes les autres contributions publiques. Ce fut l'objet de l'article 131 de la loi de finances du 25 mars 1817. Depuis cette époque, le droit des pauvres est autorisé chaque année dans la loi du budget.

2) *Réclamations des théâtres. — Maintien de l'impôt.* — La période qui s'étend de 1817 à nos jours fut beaucoup plus calme au point de vue

législatif que la précédente. Quelques rares et peu importantes modifications furent faites, mais aucune réforme d'ensemble n'aboutit. Ce ne fut cependant pas faute de réclamer ; plusieurs fois même, les directeurs semblèrent avoir cause gagnée ; ils échouèrent.

Il nous reste donc à exposer rapidement les assauts répétés que le droit des pauvres subit depuis 1817, puis à expliquer pourquoi il résista toujours à ces attaques, pour, de nos jours, être plus solide que jamais.

Dès les premières années de la Restauration la lutte recommença.

Napoléon avait en 1807 réglementé la question des théâtres ; il avait pensé, a-t-on dit, à rendre plus légère la taxe des pauvres mais il employa un autre système. Il y avait à cette époque 36 théâtres à Paris, il en supprima 28. Les huit qui subsistèrent furent assujettis à une réglementation sévère : aucun autre théâtre ne pouvait être autorisé. Le public n'avait pas grand choix et les entrepreneurs de spectacles firent d'importantes recettes : ce qui explique en partie qu'il n'y eut pas de protestations contre le décret de 1809.

Sous la Restauration, on autorisa l'ouverture de 16 nouveaux théâtres ; les directeurs des 8 théâtres privilégiés, perdant par là une partie de leur public, déclarèrent que, du moment qu'il n'y avait

plus de privilèges, le droit des pauvres devait disparaître. Ils émirent même une prétention singu-
lière en demandant qu'on divisât la somme que
versaient les 8 théâtres entre tous les spectacles.
Le gouvernement repoussa cette manière de voir
manifestement contraire à la loi et maintint énergiquement la perception de l'impôt.

II. — Monarchie de Juillet.

Survint la Révolution de 1830. Le gouvernement augmenta encore le nombre des autorisations
de théâtres, en 1833 il y avait 58 contribuables.

Les directeurs se plaignirent de plus belle, et
cette fois leurs réclamations furent mieux ac-
cueillies. La situation des établissements de spectacles était d'ailleurs fort précaire soit par l'effet
de la Révolution, soit en raison du plus grand
nombre de spectacles offerts au public ; de nombreuses faillites se produisirent. Ces déconfitures,
habilement mises en lumière, frappèrent l'opinion
et bientôt la presse, les livres plaidèrent la cause
des directeurs.

Le premier effet de cette campagne fut en 1840
une amélioration pour les concerts quotidiens.
Ceux-ci d'après la loi de thermidor devaient payer

le quart de leur recette brute, tandis que les théâtres ne payaient que le onzième. Une pétition fut adressée à la Chambre pour demander un traitement égal. Le rapporteur, M. Vuitry (1), estima la demande fondée, « ces concerts, dit-il, « donnant des représentations régulières et étant « exposés à ne pas équilibrer tous les soirs leurs « recettes et leurs dépenses ». En conséquence, la loi du budget du 16 juillet 1840 réduisit au onzième la taxe sur les concerts quotidiens.

Restaient les théâtres qui, eux, estimaient avoir droit à une réforme plus radicale. Le gouvernement dut s'occuper de cette question et le ministre de l'intérieur, M. Duchâtel, chargea deux inspecteurs généraux des établissements de bienfaisance, MM. de Watteville et de Lurieu de lui présenter un rapport sur le droit des pauvres (2).

Les conclusions de cette enquête ne furent guère favorables : « Le législateur qui avait « garanti par une espèce de monopole le specta- « teur au spectacle pouvait bien demander à l'en- « treprise une aumône pour les pauvres : telle fut « la pensée de Napoléon comme celle de Louis XIV, « mais l'administration supérieure a, depuis, « tellement multiplié les privilèges que les entre-

(1) Duvergier. *Collect. des Lois*, 1840, p. 230.
(2) Edouard Fournier. *Le Théâtre et les pauvres*, p. 25.

« prises théâtrales sont maintenant sous le régime
« de la concurrence. Comme on a changé les con-
« ditions de leur existence, comme on leur a
« rendu le succès difficile, pour ne pas dire
« impossible, est-il juste qu'on les laisse sou-
« mises à un impôt qui, dans l'intention du
« législateur, ne devait atteindre que les béné-
« fices ? »

En conséquence le rapport préconisait le retour
au système de la perception sur la recette nette
après prélèvement des frais quotidiens.

Les directeurs de théâtres semblaient donc triompher, car le payement sur les bénéfices étaient,
comme actuellement, leur plus chère revendica-
tion : la Révolution de 1848 arriva plus vite que
la loi projetée dont le rapport de MM. de Watteville et de Lurieu était comme l'exposé des
motifs.

III. — De 1848 à 1870.

1) *Abaissement provisoire du taux de l'impôt.*
— Par le fait de la Révolution, la situation des
entreprises dramatiques était devenue encore plus
précaire qu'auparavant. Le Gouvernement provisoire, effrayé du nombre des clubs et des réunions

politiques, engagea les théâtres à rouvrir leurs portes qu'ils avaient presque tous fermées. Pour les y décider, Ledru-Rollin, ministre de l'intérieur suspendit la perception de la taxe des indigents en attendant qu'il soit possible d'appliquer le système des prélèvements : « Jusqu'à ce que la « somme des frais quotidiens de chaque théâtre, « disait la circulaire, ait pu être fixée d'une ma « nière exacte, les contrôleurs des hospices devront « se borner à constater chaque jour le montant « des recettes. »

Mais alors, quelle allait être la situation des établissements charitables qui tiraient du droit des pauvres d'importantes ressources (1.044.494 f. en 1847). Les recettes tombèrent en 1848 à 364.935 f. L'Assistance publique, craignant de voir ses droits définitivement abolis et se sentant incapable de résister directement au mouvement d'opinion manifesté depuis 1845, offrit bénévolement, mais sans engagement écrit, de réduire le droit à 1 0/0 au lieu de 9.09 0/0. Les théâtres ayant accepté, Ledru-Rollin rapporta sa décision. Cette perception dura jusqu'au 30 septembre 1848 ; le droit devint de 3 0/0 jusqu'en janvier 1849, puis de 8 0/0 en 1850 et enfin de 9.09 0/0 le 1er mai 1851, taux des lois de l'an V (1). La campagne qui durait

---

(1) Rapport de la Commission du Droit des pauvres, 1870, p. 29.

depuis cinq ans n'aboutit donc à aucun résultat durable.

En janvier 1849, M. Odilon Barrot, ministre de l'intérieur, avait pourtant tenté une réforme. Le gouvernement, ayant saisi le Conseil d'État d'un projet sur la réorganisation des théâtres, le ministre demanda à la section de législation un avis sur « les modifications à apporter dans la perception « d'un impôt, dont j'ai dû, à grand regret, or- « donner l'application, mais contre laquelle « s'élèvent depuis longtemps de justes et vives ré- « clamations. L'avis du Conseil d'État permettrait « au ministre, s'il ne pouvait faire plus, de solli- « citer au moment de la discussion du budget, « une diminution réclamée par tous les théâtres « de Paris ». La proposition à examiner portait : « La perception, conformément aux lois existantes « sur les billets d'entrée dans les théâtres, sera à « l'avenir de 5 0/0 sur la recette brute et 10 0/0 « sur les billets de faveur et gratuits. »

Le Conseil d'État commença une enquête sur le mode de recouvrement mais le projet n'eut pas d'autre suite.

2) *Discussion à l'Assemblée nationale en* 1851. — Les directeurs, mécontents de ces échecs répétés, firent porter la question devant l'Assemblée nationale. Un député, M. Sautayra, déposa une propo-

sition de loi, tendant à la perception sur les bénéfices nets. S'appuyant sur l'enquête de 1845, il accusa le droit des pauvres de ruiner les théâtres et de les acculer à la faillite.

La proposition fut discutée le 12 mars 1851 (1). « Vous moraliserez, dit M. Sautayra, un impôt « immoral qui frappe indistinctement le passif et « l'actif, un impôt qui viole le principe d'égalité, « et du concours de tous les citoyens aux charges « publiques suivant leurs revenus. En consé-« quence, je propose, moi, de ne pas percevoir « l'impôt lorsqu'il y a perte, mais d'en élever la « quotité et de ne le percevoir que sur les béné-« fices. »

M. Dupin de la Nièvre, rapporteur de la Commission, qui avait examiné le projet défendit la taxe en réfutant magistralement les arguments de son adversaire : « Cet impôt, depuis son établisse-« ment, a été considéré comme une idée heureuse, « car c'est un impôt sur le plaisir en faveur des in-« digents... L'impôt ne porte pas sur l'entrepreneur « mais sur le spectateur... L'impôt procède du prix « de la place mais il est en sus et ne peut être con-« fondu avec le prix, on ne demande rien à l'entre-« preneur, mais tout au public. » Il montra ensuite quelle difficulté il y aurait à évaluer les frais quo-

____

(1) *Moniteur* du 13 mars.

tidiens et combien les pauvres perdraient à cette réforme. L'Assemblée, frappée de ces arguments, refusa de prendre la proposition en considération. La conclusion de ce débat montra que l'opinion avait changé.

3) Décret de 1864 sur la liberté des théâtres. — Le 6 janvier 1864, Napoléon III proclama la liberté industrielle des théâtres. Ce décret dans un de ses articles maintient formellement le droit des pauvres. « Continueront d'être exécutées les lois « existantes sur la police et la fermeture des théâtres « ainsi que la redevance établie au profit des pauvres « et des hospices. » Nouvelles protestations des intéressés qui considéraient comme illogique une telle disposition. L'impôt, disaient-ils, a été jusqu'à présent appliqué aux théâtres parce que ceux qui existaient étaient privilégiés, ne pouvant avoir qu'un nombre restreint de concurrents : on pouvait les taxer puisque des spectateurs leur étaient pour ainsi dire garantis. C'était une des conditions du privilège. Le privilège disparu, il ne doit plus y avoir d'impôt.

4) Discussion à la Chambre des députés et au Sénat en 1866 et 1867. — En 1866, les directeurs du théâtre Beaumarchais adressèrent une pétition au Sénat pour demander la suppression ou la réduction de l'impôt. Ils invoquaient à l'appui leur propre exemple : après un an d'exploitation, ils avaient fait faillite ; dans leur passif figurait une somme de 12.000 francs dont l'acquittement immédiat les aurait sauvés et ils ont payé 15.000 francs de droit des pauvres.

Le rapporteur de la pétition, M. Boudet, conclut à l'ordre du jour sur cette pétition, se contentant de faire siens les arguments de M. Dupin en 1851 (1).

Au Corps législatif, le 19 juillet 1867, M. Pelletan attaqua vivement le droit des pauvres, lui reprochant d'être prélevé sur les œuvres de l'esprit, sur la rémunération légitime des auteurs et des directeurs. M. Cornudet, conseiller d'État lui répon-
« dit : Cet impôt est prélevé sur la bourse du
« public : il est payé par ceux qui prennent ce
« délassement. Si donc, il y a chaque année
« 1.800.000 francs prélevés à Paris sur les recettes
« théâtrales, j'en remercie le législateur qui a
« créé cet impôt, le plus légitime de tous, car il
« n'est pas exact qu'il diminue d'un centime les
« droits des auteurs ou même des artistes. Ces
« sommes sont prises uniquement sur le super-
« flu, sur les jouissances du public, puisqu'il
« atteint les plaisirs du riche pour subvenir aux
« souffrances des pauvres (2). »

(1) *Moniteur* du 19 mai 1866.
(2) *Moniteur* du 20 juillet 1867.

5) *La Commission spéciale du droit des pauvres en* 1869. — Quelques années plus tard, en 1869, M. Pelletan déposa un amendement au budget ainsi conçu : « Le droit des pauvres pré-« levé sur les théâtres est aboli. Il sera remplacé « au profit de l'Assistance publique par la somme « des subventions théâtrales inscrites au budget (1). » Cet ingénieux système, sur la demande du rapporteur M. Busson-Billault, ne fut pas adopté : le corps législatif vota le maintien et du droit des pauvres et des subventions.

Ce fut le signal d'une très violente campagne, dont M. Husson, alors directeur de l'Assistance publique, décrit ainsi l'origine : « Il se fait depuis « quelque temps une grande agitation autour de la « question du droit des pauvres. Quelques direc-« teurs obérés, cherchant en dehors de leur « gestion, les causes de leurs insuccès, ont d'abord « jeté le cri d'alarme, et à leur tête le directeur du « Châtelet (2), suivi par le directeur de la Porte « Saint-Martin et par quelques autres directeurs « en déconfiture. La presse légère n'a pas tardé « à intervenir avec son ardeur habituelle. L'admi-

(1) *Moniteur* du 10 mars 1869.
(2) Hostein dans son livre sur la liberté des théâtres.

« nistration des théâtres... n'a pas caché une cer-
« taine sympathie pour les réclamants. »

C'est qu'en effet le bureau des théâtres au ministère des Lettres, Sciences et Beaux-Arts était favorable aux directeurs. Le maréchal Vaillant les
avait même encouragés à protester, dans une
visite à l'Association des Artistes dramatiques.

Le résultat de cet état d'esprit fut la convocation
par le ministre d'une commission chargée « d'étu-
« dier les questions qui se rattachent à la percep-
« tion de l'impôt établi sur les théâtres en faveur
« des indigents. »

L'arrêté de convocation indiquait en ces termes
quel devait être le programme de la Commission (1) :

« Rechercher :

« Si la redevance supportée par les théâtres ne
« pourrait pas être réduite dans une certaine me-
« sure.

« Si cette redevance ne pourrait pas être perçue
« sur la recette nette au lieu de l'être sur la recette
« brute.

« Si cet impôt frappe également tous les établissements qui y sont assujettis. »

(1) Voir *Observations de l'Assistance publique* 1868. *Nouvelles
observations* 1869. Husson, *Notes sur le droit des pauvres* 1870.
Edouard Fournier, *Requête d'intervention de Monsieur le public
dans le procès entre les théâtres et l'Assistance publique.*

La commission qui comptait parmi ses membres M. Boudet, vice-président du Sénat, Chaix d'Est-Ange et Camille Doucet, tint de nombreuses séances, entendit les représentants des théâtres et de l'Assistance publique. Après de longs débats, où non seulement la question de perception mais encore la légitimité de l'impôt furent passionnément discutées, à la majorité de 9 voix contre 4, il fut émis un avis favorable au maintien pur et simple du droit « aussi bien dans sa quotité que « dans son principe » (1).

Une fois de plus, les directeurs, sur le point de réussir, voyaient leurs revendications échouer.

IV. — De 1870 à nos jours.

1) Loi du 3 août 1875. — Concerts donnés par des associations d'artistes. — La loi du 16 juillet 1840 avait assimilé les concerts quotidiens aux théâtres, quant à la quotité de la taxe. La loi du 3 août 1875 abaissa l'impôt à 5 0/0 en faveur de certains concerts non quotidiens, à la condition qu'ils fussent donnés par des associations d'artistes musiciens et dirigés par eux.

(1) Rapport au nom de la Commission du Droit des pauvres par E. Manceaux. Paris, Dupont, 1870.

2) *Proposition de loi de M. Dugué de la Fauconnerie en 1878*. — En 1878, une proposition de loi fut déposée par M. Dugué de la Fauconnerie et plusieurs de ses collègues tendant à modifier le droit des pauvres sur les billets de théâtres (1).

L'article 1 était ainsi conçu :

« A partir du 1er janvier 1879 le droit des hos-« pices sur les théâtres sera perçu sur la recette « brute, déduction faite d'une somme qui sera « fixée à raison des frais et sur laquelle le droit ne « sera pas prélevé. »

La quatrième commission d'initiative parlementaire conclut dans un rapport sommaire à la prise en considération. Toutefois, elle repoussait la combinaison proposée, elle demandait seulement la réduction du droit à 5 0/0 sur la recette brute. Le gouvernement demanda l'avis du conseil de surveillance de l'Assistance publique qui, comme le montre le rapport de M. Lauth (2) conclut énergiquement au maintien. La prise en considération ne fut pas votée.

(1) *Journal Officiel,* 4 mars, p. 2.780. Annexe 462.

(2) Rapport sur le droit des pauvres présenté à la Commission, le 2 mai 1878.

3) Pétition des directeurs en 1887. — Depuis
1878, les réclamations contre le droit des pauvres,
quoique fréquentes, surtout dans la presse et la
critique théâtrale, n'aboutirent à aucun résultat
pratique.

En 1887, les directeurs adressèrent une pétition
au Conseil municipal, mais dans des conditions
toutes nouvelles (1).

A cette époque, la ville de Paris avait de nombreuses difficultés avec les sociétés de courses
suburbaines, à qui elle louait des terrains à
Longchamps, Auteuil et Vincennes. Moyennant
un loyer très faible, ces sociétés avaient seules le
droit d'organiser des courses, mais elles y avaient
établi le jeu sous la forme du pari à la cote. La
ville somma les locataires de faire disparaître cet
abus. Une circulaire ministérielle ratifia cette défense.

Le premier effet de cette mesure fut une telle
diminution des recettes sur les champs de courses
que le Conseil des ministres dut rétablir le jeu,
mais sous la forme du pari mutuel. Sur les paris
5 0/0 seraient prélevés, 2 0/0 pour les pauvres et
3 0/0 pour les Sociétés. Les directeurs de théâtres
virent dans ces faits une occasion favorable pour
obtenir la disparition du droit des indigents. Ils

(1) Rapport de M. Leroy. *Journal Officiel,* Annexes Chambre 1897.

proposaient dans leur pétition de prendre aux parieurs les 3 millions que l'Assistance publique touchait des spectacles. Un prélèvement de 10 0/0 sur les paris serait suffisant pour atteindre ce but :
« Ce sera plus moral de demander cette somme
« aux parieurs qu'aux théâtres et, tout en sauve-
« gardant l'intérêt de l'Assistance publique, la
« ville de Paris fera cesser les intéressantes récla-
« mations d'une industrie qui est un des éléments
« les plus vivifiants de la vie parisienne et qui
« réclame avec juste titre contre un impôt inconnu
« dans les autres pays (1). »

4) *Proposition de loi de M. G. Berry en 1896. Rapport de M. Leroy.* — En 1896, une proposition de loi fut déposée par M. G. Berry, tendant à l'application déjà si souvent demandée de la perception sur la recette nette. La Commission de la répression de la mendicité à qui elle fut renvoyée conclut à l'introduction en France d'un système tout nouveau, usité en Russie et qui consiste dans l'émission de timbres spéciaux que le spectateur apposerait sur son billet. Nous examinerons plus

____

(1) Cette dernière assertion n'est pas exacte, le droit sur les spectacles existe en Allemagne, en Belgique, en Autriche, en Russie, mais ordinairement sous forme de réglementation municipale.

loin si l'adoption de ces projets est désirable ou
s'il faut maintenir la législation actuelle (1).

5) *Proposition des directeurs de théâtres en
février* 1900. — Enfin, au mois de février 1900,
une assemblée générale des entrepreneurs de spectacles parisiens a décidé de percevoir le droit en
sus du prix des places actuellement pratiqué et
distinctement de ce prix. Cette mesure qui devait
être appliquée à partir du 1ᵉʳ mars 1900 n'est pas
encore en vigueur : nous dirons plus loin pourquoi.

(1) *Journal Officiel*, Chambre Annexes 1896, n° 1419.

CHAPITRE II

LÉGISLATION ET JURISPRUDENCE ACTUELLES DU DROIT DES PAUVRES

TITRE PREMIER

NATURE ET CARACTÈRES PRINCIPAUX

I. — Définition.

Le droit des pauvres est actuellement en France une contribution spéciale prélevée au profit des indigents sur tous les billets d'entrée dans les théâtres ou spectacles où le public entre en payant.

Son caractère essentiel est de frapper d'une taxe variable, suivant le genre de spectacle, les amusements offerts à la foule moyennant rétribution ou, plutôt, à demander au public, en sus du prix d'entrée, une aumône obligatoire pour les pauvres.

II. — Principaux caractères.

1) C'est un impôt de consommation acquitté par le spectateur. — A entendre les directeurs de théâtres, on pourrait croire que ce sont eux qui payent le droit des pauvres de leurs propres deniers, comme ils le font par exemple pour l'impôt foncier ou la patente. Or, il n'en est rien, car il ressort nettement des textes que le contribuable dans notre cas, c'est non pas le directeur mais le spectateur :

Que disent ces textes : « Sa Majesté a ordonné « qu'il sera levé un sixième en sus des sommes que « l'on reçoit à l'entrée de l'Opéra et des Comédies » (ordonnance de 1699). « Il sera perçu un décime « par franc *en sus* du prix de chaque billet ». (Loi du 7 frimaire an V). « Les droits qui ont été « perçus jusqu'à ce jour *en sus* de chaque billet... « etc. » (Décret de 1809).

Cela signifie sans aucun doute, que pour avoir le prix d'une place de théâtre, il faudra prendre

comme base la rémunération exigée librement par
le directeur et y ajouter dix centimes par franc
que payera le spectateur, et non pas que le directeur devra acquitter en tant qu'impôt, le sixième
ou le onzième du prix qu'il a demandé pour son
propre compte.

N'est-ce pas là le fonctionnement caractéris-
tique de l'impôt de consommation. Prenons par
exemple l'impôt sur le sucre ou le café. La personne qui achète un de ces produits chez un com-
merçant paye un certain prix : mais ce prix
comprend deux éléments, d'abord une somme
représentant la valeur du produit et le bénéfice du
vendeur, puis le montant du droit qu'il a avancé
au fisc.

Où est la différence entre ce consommateur et
le spectateur qui paye dix centimes par franc en
entrant au théâtre? Uniquement dans la matière
imposée. Hors cela le procédé est le même. A
l'occasion d'un acte librement fait par le contribuable, l'autorité publique lui réclame le payement
d'un impôt.

Ce n'est donc pas le directeur, mais bien le spectateur qui est grevé d'une taxe. Cela est si vrai
qu'à certaines époques deux bureaux se trouvaient
à la porte des théâtres devant lesquels le spectateur devait forcément passer, l'un pour y acquitter
le droit des pauvres, l'autre pour payer le prix

du billet. On dut rapidement supprimer ce système incommode et les directeurs furent chargés
de percevoir la taxe ; mais ils en profitèrent pour
élever le prix de leurs places en rendant impossible
la distinction entre les éléments du prix. C'est de
cette pratique d'une seule caisse que sont nées,
contre le droit des pauvres, la plupart des objections qui lui sont opposées.

Ajoutons cependant qu'il est certain qu'il se
produira ici, comme pour un grand nombre d'impôts, un phénomène d'incidence. De même que
toutes les taxes de consommation, le droit des
pauvres a pour effet d'élever le prix de la matère
imposée de tout le montant du droit. Cette incidence est-elle de nature à nuire gravement aux
entrepreneurs de spectacles : c'est une question
que nous examinerons plus loin. Disons de suite
pourtant, que, si nous ne croyons pas qu'on
puisse raisonnablement accuser le droit des pauvres d'être l'unique cause de la ruine et des faillites
des théâtres, nous essayerons d'établir que les
taux appliqués aujourd'hui sont trop lourds et
peuvent dans une certaine mesure, d'ailleurs difficile à déterminer, éloigner le public des spectacles ;
nous en tirerons argument pour réclamer un abaissement important des quotités établies par les lois
de l'an V.

2) *C'est un impôt strictement proportionnel.* —
D'après les lois de l'an V le droit des pauvres
s'augmente uniformément d'un décime par franc
pour les théâtres, et d'un quart de la place occupée
pour les autres spectacles. Il est de 5 0/0 de la recette pour les concerts donnés par des associations
d'artistes (Loi de 1840).

3) *C'est un impôt avec affectation spéciale.* —
D'après les règles ordinaires de la comptabilité
publique le produit de tous les impôts doit aller
se confondre dans la caisse de la personne morale
qui les perçoit, et servir indistinctement à payer
les dépenses, quelles qu'elles soient. Ce principe
ne s'applique pas au droit des pauvres. Son produit ne tombe pas dans la caisse municipale comme
toutes les autres taxes communales. Destiné à remplir un but tout spécial : l'entretien des pauvres à
domicile et dans les hospices, il est versé dans la
caisse des établissements chargés de ce soin :
l'Assistance publique à Paris et les bureaux de
bienfaisance et les hôpitaux dans les départements.

Quelques adversaires du droit des pauvres ont
quelquefois tiré argument de ce caractère pour
démontrer combien cette taxe est exceptionnelle.

Cette particularité n'est pourtant pas unique dans notre législation financière : citons par exemple certains droits de péage ou de port payés aux Chambres de commerce.

Remarquons d'ailleurs que cette destination spéciale du droit des pauvres est le meilleur argument qu'on puisse opposer aux attaques de ses détracteurs : quoi de plus juste en effet comme on l'a dit : « que les lieux de plaisir où on oublie la « vie soient les débiteurs naturels de ceux où on « se la rappelle trop » (1).

4) *Est-ce un impôt somptuaire ?* — On a qualifié quelquefois le droit des pauvres d'impôt somptuaire. Cela n'est guère exact, car, d'après sa définition même, l'impôt somptuaire poursuit un but prohibitif, il tend à faire cesser un luxe jugé inutile ou quelque abus qu'on veut faire cesser. Peut-on soutenir que tel est le but de la taxe ? Evidemment non. Le législateur n'a nullement cherché à supprimer les théâtres et les lieux de plaisir, mais bien à en profiter dans un but charitable. Qu'on dise, si l'on veut, que c'est un impôt sur le luxe au même titre que les taxes sur les voitures, les chiens d'agrément ou les au-

(1) F. Worms. *Rapport sur le droit des pauvres au Conseil de surveillance de l'Assistance publique,* Paris 1898.

tomobiles. Le théâtre en effet n'a rien d'un objet
de première nécessité et celui qui y va montre par là
même qu'il a du superflu : c'est à ce titre seulement que le droit des pauvres l'oblige à une aumône et non pas pour l'éloigner du théâtre et du
délassement qui lui est offert.

TITRE II

CONDITIONS DE PERCEPTION

On l'a vu plus haut, le spectateur en entrant au théâtre acquitte un véritable impôt Or, tout impôt n'est dû que si certains faits, légalement déterminés, sont accomplis par le contribuable. Quels sont ces faits pour le droit des pauvres ? à quelles conditions, en d'autres termes, pourra-t-on exiger du spectateur une aumône obligatoire en faveur des indigents ? telle est la question à résoudre.

Des textes, on peut déduire trois conditions : il faut un spectacle, que ce spectacle soit public, qu'enfin il soit payant. De l'esprit de la loi on tire en général une quatrième condition : le spectacle doit être donné dans le but unique de divertir le public.

1. — Il faut un spectacle. — Etablissements contribuables.

Le droit des pauvres, a dit **M.** Dupin en 1851, est un impôt sur le plaisir au profit de l'indigence.

Taxer le plaisir, tel semble bien avoir été le but du législateur de l'an V. Dans les considérants de la loi de frimaire, on lit en effet. « Le Directoire « pense qu'il serait juste de tirer parti des plaisirs « que prennent, etc... » C'est ce qui a fait dire à plusieurs auteurs (1) que le plaisir en général se trouvait être la véritable assiette du droit des pauvres.

Mais il s'en faut que ce soit là une base suffisante pour appliquer un impôt ; on doit donc entrer plus avant dans l'examen des textes, de manière à spécifier d'une manière plus précise quels sont les plaisirs que la loi a entendu atteindre.

Les textes procèdent par énumération ; la loi du 7 frimaire vise expressément « les théâtres, bals, « feux d'artifice, concerts, courses et exercices de chevaux ». La loi de thermidor cite les mêmes divertissements mais ajoute : « toutes les autres « fêtes où l'on est admis en payant ». Le décret de 1809 parle des spectacles, bals, concerts et fêtes publiques.

(1) Ed. Béchet. *Le droit des pauvres,* p. 96.

Quels sont donc les spectacles visés, ou, en d'autres termes, quels sont les établissements à la porte desquels on devra exiger du spectateur la taxe en faveur des pauvres?

La question, à toutes les époques, a été vivement discutée. La loi, nous venons de le voir, a simplement énuméré certains spectacles sans émettre aucune idée générale : il a donc fallu que la jurisprudence et les commentateurs édifient une théorie pour pouvoir résoudre un certain nombre de cas non prévus. Plusieurs opinions ont été soutenues et avec d'autant plus d'ardeur qu'il s'agit là d'intérêts pratiques considérables : de la solution de cette difficulté dépend en effet la taxation ou la décharge d'entreprises qui font des recettes brutes importantes, telles que les courses de chevaux et les expositions universelles, etc.

1) Une première opinion, prenant à la lettre la formule de M. Dupin, prétend que le plaisir en général est la véritable base du droit des pauvres. Sans s'arrêter ni au but poursuivi ni aux termes exacts de l'énumération légale, les partisans de ce système déclarent, que, dès qu'un divertissement, quel qu'il soit, est offert au public moyennant un prix, la taxe doit être perçue : « Qu'il soit donc bien « entendu que le plaisir seul est l'assiette de « l'impôt et toutes les difficultés seront aplanies...

« L'idéal serait de frapper de la taxe charitable
« tous les plaisirs sans exception, qu'ils fussent
« publics ou privés, qu'il s'agisse de réunions de
« famille ou d'amis, aussi bien que de rassemble-
« ments de personnes inconnues les unes aux
« autres » (1).

Avec une semblable théorie, on pense quelle
extension prend le droit des pauvres : tous les
spectacles possibles sont taxés, aussi bien la vue
d'un paysage que les expositions de peinture, les
courses de chevaux comme les théâtres.

Quels sont les arguments apportés à l'appui de
cette manière de voir ?

D'abord l'exposé des motifs de la loi du 7 frimaire où il est dit : « Il faut tirer parti des *plaisirs*
« que goûtent pendant la saison rigoureuse, les
« personnes favorisées de la fortune ». N'est-ce
pas dire que tous les plaisirs possibles devront
contribuer au soulagement des pauvres ?

Nous ne le croyons pas, car la loi qui suit cet
exposé des motifs ne contient ni le mot de plaisirs
ni même celui de spectacle ; elle ne contient qu'une
énumération, laquelle est venue délimiter certains
plaisirs que le législateur a voulu atteindre.

A cela on répond : Mais cette énumération n'a
rien de limitatif, et la preuve, a dit un auteur (2),

(1) Voyez Béchet. *Le droit des pauvres*, Paris, 1891.
(2) Voyez Bureau. *Législation des théâtres*, p. 270.

que la loi a simplement voulu donner des exemples, c'est que l'article premier de la-loi de frimaire termine cette énumération par les mots :
et cætera. Or, ces mots ne figurent pas dans cette
loi, comme on peut le voir au Bulletin des Lois
(2ᵉ S. B. 94, nᵒ 890) et chose étrange, il ne figure
même pas dans la citation de la loi faite par cet
auteur (1).

On s'est encore appuyé sur les expressions :
« autres fêtes où l'on est admis en payant » de la
loi de thermidor et « fêtes publiques du décret
de 1809 ». Ces termes, a-t-on dit, n'embrassent-ils
pas dans leur généralité toutes espèces de fêtes,
quelles qu'elles soient, et tous les divertissements
possibles qui peuvent être offerts à la foule ?

Pour connaître la signification exacte de ces
mots, il n'y a, selon nous, qu'à lire le compte
rendu de la séance du 8 thermidor. « Le conseil
reçoit la résolution d'hier qui proroge l'impôt d'un
décime par franc et d'un quart de la recette
pour les fêtes champêtres » (2). Porcher en com-
battant la proposition, ne parle que de ces sortes
de fêtes, très nombreuses et fort en vogue à cette
époque. Le but du législateur en thermidor an V
est d'élever au quart la taxation sur certains spec-

______

(1) Bureau. *Idem*, p. 265.
(2) *Moniteur* du 12 thermidor an V.

tacles déjà cités en frimaire et de taxer pour la première fois « les fêtes champêtres ».

Quant au décret de 1809, il n'a d'autre but que de rendre l'impôt définitif, et il n'a rien entendu changer aux spectacles assujettis.

Prétendra-t-on cependant que les courses, les expositions soient des fêtes dans le sens que nous venons d'indiquer ? A la vérité nous comprenons très bien qu'il soit nécessaire d'interpréter les lois de l'an V d'une manière large et notamment d'assujettir à la taxe, des spectacles qui n'existaient pas à cette époque, mais analogues aux divertissements énumérés. Mais nous croyons que c'est ajouter à la loi que d'appliquer ses dispositions à tous les spectacles possibles, dont il peut résulter un plaisir quelconque pour le public. Pour le soutenir, on parle de spectacles, de divertissements, mots que les lois sur la matière ne renferment pas et, de ces mots vagues et généraux on conclut à l'extension indéfinie du droit des pauvres. Telle n'est pas, nous essayerons de le prouver, la portée des lois de l'an V.

2) *La seconde opinion* soutient comme la première que le droit des pauvres doit être appliqué de la manière la plus large et frapper tous les divertissements possibles, mais à une condition, c'est que l'entrepreneur du spectacle ne poursuive

d'autre but que d'amuser le public. « Toutes ces
« fêtes ont le caractère commun d'être des diver-
« tissements et le but commun, sinon unique,
« d'attirer le public et son argent pour les plaisirs
« d'un ordre plus ou moins élevé qu'elles lui
« offrent en échange... Toute fête, tout lieu de
« réunion qui aura ce caractère et ce but, devra
« dès lors le droit des pauvres » mais, dès que le
spectacle, bien qu'il en résulte un plaisir, poursuit
une œuvre d'utilité publique et générale, reconnue
par le gouvernement, l'impôt ne peut être perçu.
« Ce sont là des fêtes d'un genre tout différent par
« leur caractère et leur but de celles que les lois de
« l'an V ont entendu assujettir au droit des
« pauvres (1). »

Telle est l'opinion de beaucoup d'auteurs et surtout de la jurisprudence. C'est ainsi que le Conseil
d'État exempte de la taxe les courses de chevaux :
l'objet qu'elles poursuivent étant non de distraire
le public, mais d'améliorer la race chevaline ; de
même pour les expositions universelles ou de peinture parce qu'elles ont un but d'intérêt général
officiel.

Cette jurisprudence est relativement récente,
elle ne date que de 1873 (courses de chevaux) :

____

(1) Conclusions du commissaire du Gouvernement. Cons. d'État,
Recueil, 13 juin 1873 ; 1873, p. 543.

nous ne voyons rien dans la loi qui puisse nous la faire adopter. Nulle part le législateur n'a fait de distinction et n'a paru se préoccuper du but cherché par l'entrepreneur de plaisir.

Mais, dit-on, précisément les spectacles qui poursuivent une œuvre d'intérêt général ne sont pas créés pour le plaisir du public, mais en vue de faire des recettes, à l'aide desquelles leur rôle sera rempli.

Il nous semble que la question n'est pas là. Oui ou non, la personne qui entre sur un champ de courses ou à une exposition de tableaux, cherche-t-elle autre chose que son plaisir? Ce serait difficile à prouver. Et l'entrepreneur quel qu'il soit, qui organise ce plaisir, pourquoi le traiter autrement au point de vue de l'impôt?

Et, puisque tout plaisir doit être taxé, pourquoi faire une distinction que nous ne trouvons pas dans la loi. Les spectacles cités, sont tous créés dans le but de divertir le public : c'est vrai; mais s'ensuit-il que les organisateurs qui affectent leurs recettes à une œuvre d'intérêt public au lieu de les garder pour eux, ne soient pas des entrepreneurs de plaisir et par là même ne doivent pas acquitter le droit des pauvres?

On arrive ainsi à des résultats bizarres qu'il est difficile de justifier : taxation du Salon des artistes indépendants, exemption des salons de peinture officiels ; taxation des expositions particulières d'objets industriels, exemption des expositions universelles, etc.

Pourquoi ces distinctions ? S'il faut considérer à qui va la recette pourquoi faire payer la taxe à l'entrée d'une fête de bienfaisance, qui a un autre but que de divertir le public ? Pourquoi, a même dit un auteur avec quelque raison, taxer les théâtres nationaux à qui l'État fournit des subventions dans un but d'intérêt général : les progrès de l'art musical et dramatique (1).

3) Mais, alors si tout plaisir quelconque ne doit pas être atteint, si on ne doit pas envisager le but qu'on se propose, comment savoir si tel ou tel spectacle est passible ou non du droit des pauvres?

D'après nous, il suffira d'examiner s'il rentre ou non dans l'énumération légale faite en l'an V.

En effet, les spectacles cités par la loi ne sont pas des exemples, ce sont les établissements mêmes qu'elle a entendu assujettir à l'impôt. Ses dispositions énumèrent, par exemple, les théâtres, les bals, les concerts ; voilà les plaisirs particuliers du public que le législateur veut atteindre. Tous les divertissements qui procéderont de ces spectacles et qui en auront les caractères distinc-

(1) Voyez Bechet. *Op. cit.*

tifs devront acquitter la taxe des indigents, sans
qu'on ait à s'occuper en rien du but poursuivi, ou
de la caisse à qui seront affectées les recettes, ou
de la qualité du plaisir donné : aussi bien les
théâtres nationaux que les théâtres forains, aussi
bien les bals de charité que les bals de faubourg.
Quant aux spectacles inconnus sous le Directoire,
il faudra raisonner par analogie et examiner s'ils
sont assimilables aux plaisirs contenus dans l'é-
numération légale. C'est ainsi que les music-halls
modernes seront passibles de la taxe puisqu'ils
tiennent en même temps du théâtre, du concert
ou du cirque, ou encore les cinématographes qui
représentent de véritables pièces animées.

Quant aux fêtes nous avons vu ce qu'il faut entendre par là. Sans doute, les fêtes champêtres du
Directoire ont disparu mais il en existe des équi-
valents, comme ces kermesses où différents divertissements, dans le genre de ceux cités en l'an V,
sont mis, ordinairement dans un but de charité,
à la disposition du public.

Pour les courses, les expositions, ce n'est pas
parce qu'elles poursuivent un but d'utilité générale qu'elles doivent être exemptées du droit des
pauvres, mais bien parce que ce sont des spectacles qu'il est impossible d'assimiler sans parti
pris aux plaisirs énumérés.

Peut-on dire en effet qu'une course, la vue d'un

spectacle naturel, une exposition soit « une fête ». Cela nous paraît impossible. Qu'il soit désirable que ces plaisirs aquittent ou non la taxe, ce n'est pas la question que nous examinons en ce moment, nous voulons simplement dire que la loi ne permet pas l'extension indéfinie que l'Assistance publique a su donner, à Paris, à l'impôt en faveur des pavres.

Nous nous ferons d'ailleurs mieux comprendre en examinant maintenant les différentes questions d'espèces qui se sont présentées devant la justice administrative.

a) *Vue d'un spectacle naturel.* — La vue d'un spectacle naturel quelconque, paysage ou curiosité, est offert au public moyennant une rétribution : le spectateur qui paye le prix exigé doit-il la taxe des pauvres ?

Evidemment, disent les partisans de la première opinion. Le plaisir, voilà la base de l'impôt. La vue d'un spectacle, même s'il est offert par la nature, est un plaisir ; on devra donc réclamer au visiteur un droit proportionnel à la somme par lui consacrée à cette distraction.

Cette théorie nous paraît méconnaître la pensée du législateur. Où a-t-on vu qu'il entendait atteindre les plaisirs de cette sorte ? et où trouver

dans les spectacles cités des divertissements de ce
genre ?

De plus on ne peut nier que tous les spectacles
cités ont ce caractère commun d'être créés par l'initiative et de l'activité propre d'un organisateur.
Rien ne le prouve mieux qu'un décret du 11 thermidor an XI parlant des panoramas-théâtres
pittoresques et *mécaniques*.

D'ailleurs, s'il fallait aller jusqu'aux extrêmes
conséquences de cette opinion, où en arriverait-
on : à des prétentions vraiment insoutenables.
L'Assistance publique réclamait en 1878 l'impôt
aux ascenseurs du Trocadéro. S'il faut payer le
droit des pauvres pour la vue du panorama de
Paris, pourquoi ne le paierait-on pas sur le prix
des places de certaines lignes de chemins de fer ou
de navigation réservées aux touristes, ou bien sur
le prix des chambres d'hôtel dont le prix est d'autant plus élevé que la vue est plus belle ?

La jurisprudence administrative a dû examiner
la question et ses décisions donnent toute satisfaction sur ce point.

Pendant l'exposition universelle de 1878 un ingé-
nieur, M. Edoux, avait installé des ascenseurs dans
les tours du Trocadéro. On lui réclama le droit des
pauvres sur les recettes effectuées. Le Conseil de
Préfecture de la Seine. saisi de l'affaire, donna gain
de cause à l'Assistance publique par arrêté du

26 mai 1880. Cet arrêté fut réformé par le Conseil d'État le 25 janvier 1884 (1) ; deux motifs sont donnés : d'abord que l'ascenseur figurait au nombre des produits exposés et par là échappait à la taxe — et en second lieu : « qu'il résulte de « l'instruction qu'il ne peut, dans les conditions où « il fonctionne, être considéré comme destiné à « donner au public un spectacle ou un divertisse- « ment dans le sens des lois de l'an V ».

L'administration charitable s'inclina devant cet arrêt, mais seulement pour les recettes faites pendant la durée de l'Exposition. Elle estima que c'était le caractère seul d'objet exposé reconnu à l'ascenseur qui avait pu le faire exempter de la taxe. Dès la clôture de l'Exposition une contrainte fut décernée contre M. Edoux, car les ascensions continuaient.

Le Conseil de Préfecture, par arrêté du 28 janvier 1891, maintint la jurisprudence du Conseil d'État (2).

« Considérant que l'ascenseur établi dans la « Tour Est du Trocadéro, ne peut être considéré « comme destiné à procurer au public un spectacle « dans le sens des lois de l'an V.

« Considérant que la plate-forme de la Tour est

(1) *Recueil*, 1884, p. 79.
(2) *Gazette des Tribunaux*, 8 février 1891.

« la propriété de l'Etat qui, en réalité, livre ainsi
« au public la vue panoramique de Paris.

« Considérant, par suite, que la vue de Paris et
« de ses environs, qui ne rentre d'ailleurs dans
« aucune catégorie de spectacles prévue dans les
« lois susvisées, n'est pas offerte au public par le
« sieur Edoux qui se borne à le transporter sur la
« plate forme de la Tour », etc.

Tous ces motifs ne sont pas également justes. La
qualité d'objet exposé, pas plus que la propriété de
l'Etat sur la plate-forme, ne nous semble avoir
aucune importance en la matière ; le vrai motif, et
les tribunaux l'ont constaté, c'est que la vue d'un
spectacle naturel n'est en rien un divertissement
prévu par les lois de l'an V.

b) *Cérémonies et concerts religieux.* — Une
cérémonie religieuse, un concert de musique sacrée
ont lieu dans un édifice consacré au culte. Un
prix est exigé à l'entrée. Le droit des pauvres
est-il dû ?

La question doit se résoudre par une distinction.

S'agit-il d'une cérémonie ordinaire du culte,
fût-elle même payante et rehaussée par la présence
de musiciens ou d'artistes célèbres ou par l'exécution d'œuvres inédites ? c'est là une manifestation
avant tout religieuse. Par une raison de haute

convenance, et vu le silence de la loi, on ne peut raisonnablement exiger l'impôt.

C'est ce qu'a décidé le Conseil d'Etat à l'occasion d'une messe en musique dans l'église Saint-Roch à Paris. « Considérant, que, sous aucun « prétexte, les cérémonies de la religion ne sau-« raient être assimilées aux spectacles, bals et fêtes « publiques désignés dans les lois de l'an V » (1).

S'agit-il au contraire de concerts spirituels donnés dans une église en dehors de toute manifestation du culte? Citons par exemple les concerts organisés cette année, le soir, dans l'église Saint-Eustache? Nous ne voyons aucune bonne raison de les exempter de la taxe ; la loi ne fait aucune exception en faveur de la musique religieuse au détriment de la musique profane et elle ne distingue pas davantage quant à l'édifice public ou particulier dans lequel l'audition est offerte au public : c'est ainsi qu'à Rouen on applique, sans protestation de la part des intéressés, cette manière de voir, comme le constate le Rapport de la Commission administrative du Bureau de Bienfaisance (Perception sur les auditions de « Mors et Vita » ou de la Rédemption à la Cathédrale (2).

_____

(1) Sirey. Coll. nouvelles, t. II. III. 176.
(2) *Revue des Etabliss. de Bienfaisance*, 1896, p. 311.

c) *Courses de chevaux*. — C'est sur ce point que la lutte fut toujours la plus vive en raison de l'inportance toujours croissante des recettes de certains hippodromes parisiens.

Quelques auteurs, MM. Bureau, Béchet, Bequet ont demandé formellement que le droit des pauvres fût perçu sur les entrées aux courses.

« Lorsque, dit l'un deux, nous voyons la foule se
« presser le dimanche sur les hippodromes de
« Longchamps et d'Auteuil, lorsque le lendemain
« nous apprenons les chiffres fantastiques des re-
« cettes effectuées par les Sociétés sportives nous
« éprouvons un véritable sentiment de regret à la
« pensée que pas la moindre parcelle de cette
« masse d'or ne tombera dans la caisse des pau-
« vres. Et notre regret, ajoute-t-il, est d'autant
« plus grand quand nous constatons que la loi
« n'est nullement favorable à cet abus » (1).

Procédant toujours de cette idée que le plaisir quel qu'il soit, est la seule base de l'impôt, on déclare que les courses sont un plaisir public et payant et que, dès lors, la taxe est due.

Que ce soit l'attrait du plaisir qui attire la foule sur les champs de courses, il serait puéril de le nier ; il est bien évident que l'amélioration de la

____

(1) Voyez Béchet. *Op. cit.*, p. 117.

race chevaline est parfaitement indifférente aux
parieurs.

Mais cela importe assez peu ; ce qu'il faut savoir,
c'est si le législateur a voulu taxer les entrées aux
courses ? Sans aucun doute, dit-on, et la preuve en
est dans la loi de frimaire qui contient ces expressions formelles « courses et exercices de chevaux ».

En 1873, le commissaire du gouvernement près
le Conseil d'État a prétendu réfuter cet argument
en disant : « Comment le législateur de l'an V
« aurait-il pu taxer les courses de chevaux puisqu'à
« cette époque elles n'existaient pas ? » Il est parfaitement exact que nos courses modernes avec leur
caractère périodique étaient alors inconnues, puisqu'elles ne datent chez nous que de la création du
Jockey-Club en 1833 (1). Mais, en Angleterre, à
York notamment, il en existait, et en France même
des courses avaient eu lieu au xviiie siècle à Fon-
tainebleau et à la plaine des Sablons. Le législateur aurait donc pu en parler et ce n'est que peu
d'années après qu'elles furent réglementées d'une
manière officielle par un décret rendu par Napoléon
au camp de Boulogne, le 13 fructidor an XII.

Mais ce qu'il faut dire, c'est que, de l'avis de tous,
les expressions citées ne visent nullement dans l'es-

____

(1) Vicomte d'Avenel. *Le mécanisme de la Vie Moderne :* Les
Courses.

prit du législateur, les courses de chevaux. Le mot courses, ne doit pas être séparé du mot exercices, et les termes employés ont ainsi leur véritable portée. Ils signifient : cirques. Ces établissements étaient en grande vogue à cette époque : Franconi, après des essais infructueux à Bordeaux, venait d'établir à Paris le Cirque olympique dont le succès était colossal.

Il nous semble, d'après cela, que les courses de chevaux doivent être exemptées totalement du droit des pauvres. Rien dans l'énumération légale ne les désigne. elles ont un tout autre caractère que les cirques, et de plus il est impossible de prétendre qu'une course soit une fête.

Tel est aussi l'avis de la jurisprudence administrative mais, à ces raisons, elle en ajoute d'autres qui sont difficiles à accepter.

Jurisprudence. — Pendant de longues années les entrées aux courses acquittèrent le droit des pauvres sans qu'il y eût de protestations ; on trouve fréquemment dans les décisions du Conseil de surveillance de l'Assistance publique des modérations au huitième en faveur de la Société d'encouragement (1).

En 1871, le bureau de bienfaisance de Saint-

(1) Voir Rapport de F. Worms, p. 103 à 105.

Etienne-de-Rouvray (Seine-Inférieure) voulut pré-
lever le droit des pauvres sur les recettes de la
Société des Courses rouennaises. Un arrêté du
Conseil de Préfecture le débouta de sa demande (1).
Sur appel le Conseil d'État confirma l'arrêté par
ces motifs (2) :

« Considérant que la Société des Courses rouen-
« naises, approuvée par arrêté du préfet de la
« Seine Inférieure, a été fondée dans le but d'en-
« courager l'élève et l'amélioration du cheval de
« service et de guerre, au moyen des courses de
« chevaux ;

« Considérant que le gouvernement intervient
« dans le règlement de ces courses et dans la dé-
« signation des commissaires, qu'ainsi les courses
« de la société sont organisées dans le but de pour-
« suivre de concert avec le gouvernement l'œuvre
« d'intérêt général et national de l'amélioration
« de la race chevaline et que, dans ces circons-
« tances, les sommes payées par les personnes
« admises dans l'enceinte des courses ne peuvent
« être considérées comme le prix d'une fête offerte
« au public par ladite Société. »

De ce que la Société poursuit un but d'utilité
publique, nous ne voyons pas pourquoi il en ré-

_____

(1) Cros, 25 mai 1871, p. 190.
(2) *Recueil*, 13 juin 1873, p. 543.

sulterait que les sommes payées ne peuvent être considérées comme le prix d'un spectacle. Nous l'avons déjà dit, en examinant la théorie générale dont on fait ici application : celui qui va sur un champ de courses y est attiré uniquement par l'attrait d'un plaisir, offert par la société de courses. Que les ressources qui en résultent soient attribuées à une œuvre d'intérêt général ou à un spéculateur, il n'y a aucune distinction à faire ; la loi n'en fait aucune et on ne peut suppléer à ses dispositions.

Le considérant qui suit est le seul, croyons-nous, qu'on puisse approuver « considérant que, « de ce qui précède il résulte que les courses ne « peuvent être placées dans la catégorie des spec- « tacles et des fêtes pour lesquels la loi du 7 fri- « maire de l'an V et les lois de finances autorisent « la perception du droit des pauvres. »

Cet arrêt a fixé la jurisprudence et depuis 1873, les sociétés de courses qui remplissent les conditions exigées par le Conseil d'État, c'est-à-dire qui fonctionnent uniquement dans le but d'améliorer la race chevaline, ont cessé de verser à l'Assistance publique la taxe en faveur des indigents. Mais les Sociétés non reconnues d'utilité publique devaient-elles le faire ?

La Société sportive d'Encouragement avait organisé des courses sur le territoire de la commune de Marnes : le maire, président du bureau de bienfaisance lui réclama, en tant que droit des pauvres, le quart de la recette brute. La Société résista : elle prétendit que, bien que non reconnue officiellement, elle ne poursuivait nullement un but de spéculation mais une œuvre d'utilité publique, que d'ailleurs ce caractère lui était explicitement donné par le fait qu'un arrêté ministériel lui avait permis d'établir le pari mutuel. Il faut donc, disait-elle, lui appliquer les principes consacrés en 1873, puisque le cas est identique.

Le Conseil de préfecture de Seine-et-Oise, le 18 février 1888, condamna la Société au paiement du droit des pauvres (1) :

« Considérant qu'en vertu de l'article 20, l'as-
« semblée des actionnaires est en tout temps libre
« de décider la dissolution anticipée de la Société,
« que par là les actionnaires sont les maîtres du
« moment où ils voudront se partager les 30 0/0
« prélevés sur les bénéfices de l'entreprise, que
« c'est donc à tort que la société sportive
« prétend que son exploitation est exclusive de
« tout bénéfice. »

Cet argument selon nous est peu convaincant. Peu importe où vont les recettes des spectacles astreints au droit des pauvres. Ce qu'il faut déter-

____

(1) Cros Mayrevielle. *Le droit des pauvres*, p. 126.

miner c'est de savoir si un spectacle donné est passible de la taxe. Sur ce point, l'arrêté contient un considérant difficile à concilier avec les idées admises par le Conseil d'État :

« Considérant au reste qu'à supposer même que
« les actionnaires ne puissent faire aucun bénéfice,
« que toutes les sommes perçues soient affectées
« au seul encouragement de l'amélioration cheva-
« line, il ne saurait être admis que le produit
« d'un spectacle public fût détourné en totalité et
« que le but charitable de la loi du 8 thermidor
« an V pût être méconnu au profit des chevaux,
« et au détriment des indigents. »

Le Conseil constatait ensuite que l'autorisation d'établir le pari mutuel ne donnait à la Société aucun caractère officiel, et que le cas n'avait aucune analogie avec celui de la Société des courses rouennaises : « là, le Conseil d'État s'était trouvé
« en présence d'un intérêt national et général où
« l'intérêt privé des sociétaires ne trouvait aucune
« occasion de lucre. »

En conséquence, pour les courses de Marnes, le droit des pauvres était dû.

Le résultat de cette jurisprudence ne laissait pas que d'être un peu étrange. De deux sociétés offrant au public un spectacle identique et dans le même but, l'une échappait à la taxe, parce que reconnue, et l'autre en était frappée parce que privée, et parce qu'une partie des recettes pouvait aller, en cas de dissolution seulement, aux actionnaires.

Pourquoi ces distinctions et où a-t-on vu dans les lois de l'an V que le but du spectacle était à considérer pour savoir si l'impôt doit l'atteindre ? N'est-il pas plus simple et plus conforme aux dispositions légales de déclarer que les courses n'ont rien de commun avec les divertissements cités et que, reconnues ou non, elles doivent par là même être exemptées du droit des pauvres.

Remarquons que depuis la loi du 2 juin 1891, toutes les sociétés de courses y échappent puisque seules, celles qui sont reconnues d'utilité publique peuvent ouvrir des hippodromes. (Art. 2. Loi de 1891).

La question fut soulevée de nouveau à propos des courses de Vichy ; l'arrêt du 12 juin 1891 (1), a confirmé la doctrine de 1873, et le revirement espéré par les partisans de la taxation des courses ne semble pas près de se produire. Cet arrêt reproduit presque textuellement l'arrêt précédent du Conseil d'Etat.

On a quelquefois prétendu, pour soutenir l'exemption des courses, que le prélèvement de 2 0/0 sur le pari mutuel en faveur des œuvres de bienfaisance ferait double emploi avec le droit des

(1) Dalloz, 1892, III, 105.

pauvres. C'est une erreur, car les deux prélèvements ne portent pas sur les mêmes sommes, l'un
frapperait les entrées, l'autre n'atteint que les
sommes pariées. Disons cependant qu'on ne peut
pas reprocher maintenant aux hippodromes parisiens de ne pas contribuer au soulagement des
indigents : le prélèvement a été perçu en 1898 sur
200 millions, en 1899 sur près de 260 millions.

d) *Les expositions.* — Le public doit-il acquitter
le droit des pauvres à l'entrée des expositions ?

Dès 1855, lors de la première exposition universelle à Paris, il fallut résoudre la difficulté.

Une compagnie privée avait été déclarée conces-
sionnaire des entrées. L'Assistance publique lui
ayant réclamé le paiement du quart de la recette,
la Compagnie se pourvut devant le Conseil de
Préfecture et fut condamnée à acquitter l'impôt
par arrêté du 14 janvier 1856. Le Conseil se fon-
dait sur ce fait que l'Exposition était un lieu
public et payant et ne constituait pour les visiteurs
qu'un spectacle de curiosité, au même titre que
les divertissements énumérés par les lois de
l'an V.

Le Conseil d'Etat (1) annula cet arrêté et déclara
que les Exposifions universelles devaient être

____

(1) Conseil d'État. *Recueil*, 1857, p. 356.

exemptées de la taxe. Deux arguments surtout :
d'une part le caractère officiel de l'entreprise,
« dirigée et surveillée par une commission nommée
« par l'Empereur, comme étant une œuvre exclu-
« sivement nationale et d'une utilité générale » ;
d'autre part l'impossibilité d'assimiler une exposition aux spectacles énumérés par les lois sur la
matière.

Tous les auteurs, même ceux qui voudraient
voir taxer les courses approuvent cette solution.
Il semble pourtant qu'il n'y ait pas de différence
entre ces deux cas : c'est le même argument d'utilité publique et nationale qui intervient. On soutient bien qu'une exposition n'est pas un plaisir
pour le visiteur mais un enseignement. C'est possible pour quelques-uns, mais l'immense majorité
y entre surtout pour se distraire.

Mais là n'est pas la question, il nous suffira
de nous demander si les expositions ont été prévues dans l'énumération légale. En aucune façon
et ce ne sont, pas plus que les courses, des fêtes
publiques ; les entrées aux expositions universelles
doivent donc échapper au droit des pauvres.

Quant aux expositions particulières la jurisprudence applique un double principe.

L'exposition est-elle organisée sous le contrôle
du gouvernement par une société, dans un but
d'utilité publique reconnu ? l'impôt n'est pas dû :

(Société des Artistes français, 13 juin 1888 et
7 août 1891. Journal Cons. de Préfect. 1888, p. 225
et S. 93, 3. 99. Exposition canine. Journ. Cons.
Préfect. 1894, p. 346).

L'exposition, au contraire, est-elle organisée par
un entrepreneur ou par une société privée, l'Assistance publique perçoit la taxe des indigents ? c'est
ainsi qu'en 1896 les statistiques accusent une
recette de 40.000 francs sur l'Exposition du théâtre
et de la musique, du cycle, d'horticulture et des
artistes indépendants.

Cette jurisprudence, sans appui dans la loi, ne
nous semble pas fondée. Pour nous, toutes les
expositions, quelles qu'elles soient, doivent être
exonérées du droit des pauvres, le but de l'entreprise étant indifférent ; ce sont des divertissements
dont la loi n'a pas parlé et qu'elle n'a pas entendu
taxer. L'examen de produits artistiques et industriels ne peut être assimilé à aucun des spectacles
cités.

Sans doute, l'Assistance publique devra veiller
à ce que, sous le nom d'expositions, de véritables
spectacles n'échappent à l'impôt et nous approu-
vons pleinement la jurisprudence du Conseil d'Etat
qui taxe les différents lieux de plaisir, théâtres,
concerts, etc., établis dans l'enceinte d'une exposition universelle (1).

(1) D. P. 1896, III, 59.

Salons de peinture. — Jusqu'en 1883, l'État organisa lui-même l'exposition des artistes vivants, en conséquence le droit des pauvres n'était pas perçu. Puis, les artistes se constituèrent en sociétés et ouvrirent chaque année, à leurs risques et périls, des expositions de peinture et de sculpture. De 1883 à 1886 l'Assistance publique se contenta de percevoir un abonnement annuel de 2.000 francs puis elle réclama 3 0/0 du montant des recettes. D'où procès devant le Conseil de Préfecture qui admit les réclamations des artistes (2 juillet 1888)(1) pour ce motif, absolument juste, que « ces expo-« sitions ne sauraient être rangées dans aucune « des catégories de spectacles ou de fêtes prévues « par les lois de l'an V. »

Après cette décision, l'Assistance publique fit appel et continua la perception de la taxe, comme le montrent les avis du Conseil de surveillance : (Société nationale des Beaux-Arts, 17 avril 1890. Modération à 1 0/0. 14 mai 1891, abonnement de 1.500 francs à la même société). Le 7 avril 1891 (2) le Conseil d'État s'appuyant surtout, à tort selon nous, sur le caractère officiel des Salons et sur l'absence de spéculation, exempta les expositions

<hr>

(1) *Journal Cons. Préfect.* 1888, p. 225.
(2) S. 93, 3, 99.

de peinture et de sculpture de la taxe en faveur des indigents

En terminant l'examen de ces cas si discutés une observation s'impose. On a pu constater les prétentions vraiment sans bornes de l'Assistance publique, qui s'ingénie à étendre d'une façon indéfinie, l'application du droit. Comment s'étonner dès lors, des réclamations innombrables qui s'élèvent autour de cette taxe. Sans doute, il faut protéger les intérêts des pauvres, mais il n'est pas nécessaire pour cela d'ajouter à la loi. En appliquant strictement son texte et son esprit on éviterait des exagérations inutiles et des inconséquences étranges ; par là, des arguments seraient enlevés aux adversaires, et les défenseurs pourraient plus facilement soutenir un impôt parfaitement légitime, mais qui doit pour cela rester dans les limites que la loi lui a données.

II. — Il faut que le spectacle soit public.

Pour donner lieu à la perception du droit des pauvres, il faut que le spectacle soit public. Cela résulte très clairement des textes ; la loi de thermidor parle des « fêtes où l'on est admis en payant » et le décret de 1809 des fêtes « publiques ».

Que faut-il entendre par spectacle public et à

quel signe le distinguer d'un spectacle privé ? Cela veut-il dire qu'il doit être ouvert à qui veut y entrer et suffira-t-il, pour exonérer une fête de la taxe, qu'une personne quelconque n'y soit pas forcément admise par cela même qu'elle offre de payer le prix exigé ?

Les auteurs s'abstiennent sur ce point de formuler une règle fixe, ils y voient, avec raison, une pure question de fait dont il faut laisser l'appréciation aux tribunaux.

Dans cette appréciation le juge devra, cependant, s'inspirer d'une double idée : sauvegarder d'une part les intérêts des pauvres et de l'autre respecter les droits des individus de se réunir ou de se distraire sans être en butte aux exigences de l'administration.

Ainsi, il est évident que les réunions de famille ou d'amis devront échapper à la taxe. Si un particulier organise un bal ou un concert auxquels il invite les personnes qu'il connaît, même dans le cas où une cotisation est payée pour couvrir les frais, il n'y a pas de publicité et il serait vexatoire d'imposer de telles réunions.

Il est des cas plus délicats. On sait combien sont nombreux les bals de bienfaisance ou les concerts organisés par des associations quelconques. Des billets d'entrée payants sont remis à des personnes qui les placent. Ces fêtes sont-elles publiques ou privées ? c'est une question que les tribunaux devront résoudre d'après les circonstances de chaque cause.

En voici quelques exemples :

En 1854, l'Institut musical d'Orléans refusa d'acquitter le droit des pauvres, arguant du caractère privé de ses concerts. La Cour d'Appel d'Orléans lui donna raison :

« Attendu que, si au point de vue de la législa-
« tion pénale, les concerts de l'Institut peuvent
« être considérés comme des réunions publiques,
« il ne s'ensuit pas qu'elles aient le caractère par-
« ticulier de publicité exigé par les lois dont il
« s'agit ;

« Que ces réunions se composent d'un nombre
« déterminé de personnes désignées à l'avance et
« porteurs de billets qu'elles ne peuvent ven-
« dre sans être exclues de la Société ;

« Que si, par une exception que le règlement
« autorise, quelques billets, dans une proportion
« insignifiante, sont accordés à des étrangers, sur
« la demande des souscripteurs, cette circonstance
« ne saurait donner le caractère de publicité aux
« concerts de l'Institut. »

Ce dernier fait était cependant suffisant pour que la perception de la taxe fût possible. Ce concert était public puisque toute une catégorie d'auditeurs pouvait y entrer à la seule condition de payer un prix : c'est ce que la Cour de cassation admit en cassant l'arrêt précité.

« Attendu qu'en dehors des abonnements ordi-
« naires, les officiers de la garnison sont admis
« par les statuts à s'abonner pendant leur séjour
« au prix de 2 francs par billet; que les personnes
« étrangères au canton d'Orléans peuvent égale-
« ment par l'intermédiaire d'un abonné se procu-
« rer des billets pour chaque concert au prix de
« 3 francs par billet ; que dans ces circonstances
« il est impossible de ne pas reconnaître à ces
« concerts le caractère de publicité... » etc. (1).

Le 20 novembre 1885 le Conseil d'État a con-damné au paiement de la taxe les organisateurs d'un concert de bienfaisance où l'on était admis sur la présentation d'une carte personnelle. Mais il fut prouvé par l'instruction que « si les cartes
« étaient personnelles et en admettant que le
« comité d'organisation ait dressé une liste des
« personnes auxquelles elles étaient destinées, ces
« invitations ont été placées dans les deux villes
« de Saint-Servan et de Saint-Malo par des dames
« patronesses auxquelles elles *étaient remises*
« *en blanc*, que de plus, ces billets avaient été
« exposés à la vitrine d'un libraire » (2).

(1) D. P. 1855, I, p. 45.
(2) *Recueil Cons. d'État*, 1885, p. 855.

Un arrêt plus récent du 17 février 1899 a rendu une décision identique à propos de représentations organisées par l'œuvre du Patronage d'Ollone ; l'arrêt constate que les « cartes d'invitation étaient distribuées par les jeunes gens du patronage, soit en ville soit à l'entrée même de la salle et que le nom du titulaire n'était inscrit sur la carte qu'au moment où elle lui était remise (1) ».

Cette jurisprudence dont nous venons de citer quelques applications semble justifiée ; ces fêtes, sans être ouvertes absolument à tout venant, n'ont aucun rapport avec les réunions privées que la loi doit respecter Cependant, le taux d'un quart ou d'un onzième prescrit par la loi est trop élevé pour des spectacles dont le but, presque toujours charitable, est généralement désintéressé. A Paris, d'ailleurs, l'Assistance publique abaisse considérablement le taux légal en leur faveur

III. — Il faut que le spectacle soit payant.

Il ne suffit pas que le spectacle soit public, il faut encore qu'un prix soit payé.

Cette condition résulte du texte même de la loi de frimaire qui fixe la taxe des pauvres au onzième

(1) *Journal du droit administratif*, 1899, 2ᵉ cahier.

ou au quart en sus du prix de chaque billet d'entrée ; il est donc indispensable que ce billet ait une
valeur pour qu'il soit possible de déterminer la
somme à percevoir. Le décret de 1809 tire une
conséquence de cette exigence en exemptant formellement les représentations gratuites de l'impôt (art. 4).

A la vérité, il n'y a aucune difficulté, quand le
prix est directement versé au bureau du théâtre,
mais il existe un certain nombre de cas où ce prix
est déguisé d'une façon plus ou moins ingénieuse.
Dès lors l'entrée n'étant pas gratuite, il faudra
évaluer la somme dissimulée, de manière à
donner une base à la perception.

Cafés-concerts. — C'est ainsi que, dans la plupart des cafés-concerts de second ordre, l'entrée
est dite « libre ». Est-ce à dire que le spectacle est
gratuit? Nullement, puisque le spectateur devra
forcément, pour avoir le droit d'assister à la représentation, payer le prix d'une consommation,
d'ailleurs fortement majoré. Ce prix contient deux
éléments distincts : le prix de la consommation et
le prix du spectacle. Ces établissements devront
être passibles de la taxe. Telle est la jurisprudence
du Conseil d'État (1). Mais quelle sera donc dans

______

(1) *Recueil Cons. d'État*, 1884, p. 497.

ce cas la base de la perception ? N'aura-t-elle lieu que sur le prix du spectacle, la valeur de la consommation déduite, ou bien sur le prix global exigé ? Le Conseil d'État consacre cette dernière opinion parce que, dit-il « la consommation n'est « qu'un accessoire du plaisir principal ». Il nous semble cependant que la valeur de la consommation, quelque minime qu'elle soit, devrait être défalquée du prix total pour le calcul de l'impôt. N'y a-t-il pas des impôts spéciaux pour les débits de boissons et le droit des pauvres n'a pas été institué pour atteindre ces plaisirs-là.

On dit en général : Mais c'est la faute des entrepreneurs ; ils n'ont qu'à faire payer l'entrée et à laisser les consommations facultatives pour le public. Ne serait-ce pas amener la ruine de ces modestes établissements et en chasser les spectateurs dont on ne peut impunément changer les habitudes ?

Cette manière de voir est d'ailleurs consacrée en quelque sorte par la jurisprudence administrative elle-même puisqu'elle exempte de l'impôt les consommations prises en renouvellement (1).

Loges. — Le propriétaire d'une salle de spectacle la vend ou la loue, mais, par le contrat, il se

(1) *Journal Cons. Préfect.* 1891, p. 262.

réserve personnellement ses entrées ou la jouissance d'une loge. Quand le titulaire ou d'autres personnes occuperont ces places réservées, aucun prix d'entrée ne tombera dans la caisse du théâtre. Le droit des pauvres est-il dû?

Oui, car ces places ne sont gratuites qu'en apparence. Quand le contrat a été conclu, le prix d'achat ou de location a été réduit d'une somme équivalente au bénéfice que le directeur aurait retiré des places réservées, en un mot, comme le dit un auteur (1), « la diminution du prix d'achat « est l'équivalent d'une recette anticipée. » La place occupée est donc payante et passible de la taxe.

C'est ce qu'a décidé à deux reprises le Conseil d'État, d'abord en 1852 au sujet du Théâtre italien (2), puis en 1879 à propos d'une loge réservée au Vaudeville à M. Lebaudy (3). L'arrêt constate que la concession de la loge, loin d'être faite à titre gratuit, représente une partie du prix du loyer.

C'est ici que devrait être traitée la question des billets de faveur ; mais, vu son importance, elle fera l'objet d'une section spéciale.

(1) Béchet. *Op. cit.*, p. 112.
(2) D. P. 55, 3, 2.
(3) *Recueil Cons. d'État*, 1879, p. 386.

IV. — Le but commercial ou désintéressé du spectacle n'est pas à considérer.

Quelques auteurs, notamment MM. Lacan et Paulmier (Législation des théâtres, n° 130) ont prétendu que, pour que le droit des pauvres puisse être appliqué, il était nécessaire que le spectacle fût donné par un entrepreneur dans un but de spéculation ; ils se fondent sur un décret du 26 novembre 1808 ainsi conçu :

« Les bals et concerts de réunion où l'on entre « par abonnement, ne seront exemptés de la « perception qu'autant qu'il sera constant que « l'abonnement n'est pas public, qu'ils ne sont pas « la chose d'un entrepreneur et qu'il n'entre dans « ces réunions aucun but de spéculation. »

Voici quel est le cas pratique prévu par ce texte : des personnes désireuses de se distraire entre elles, sans admettre d'étrangers à leurs fêtes, fondent une association qui, moyennant une cotisation destinée uniquement à couvrir les frais, offrira à ses membres des concerts ou des bals. Dans ces circonstances, le droit des pauvres ne sera pas dû.

Pourquoi cette exonération ? Parce que, disent les uns, il n'y a pas là but de spéculation. C'est l'application à un cas particulier d'un principe général qui porte que, là où le spectacle n'est pas

G. — 7

la chose d'un entrepreneur, il ne peut y avoir de
taxe. D'autres, à juste titre selon nous, expliquent
cette exemption par cette raison toute simple que,
dans l'espèce, les conditions de publicité et de
non gratuité font défaut.

Ces bals ou concerts de société ne sont pas publics, puisque tous les adhérents se connaissent et
qu'un étranger serait impuissant à y entrer même
en payant la cotisation. Il n'y a pas non plus de
prix, les sommes exigées devant servir uniquement à couvrir les frais du plaisir commun.

Mais alors, quel est le sens des mots : but de
spéculation, cités par le décret de 1808 ?

Remarquons d'abord que, quand bien même il
y aurait là une condition nouvelle à la perception
de la taxe, rien n'autoriserait à l'étendre en dehors des cas exceptionnels visés.

Tel n'est pas d'ailleurs le sens de ce décret.
Loin d'y voir une condition nouvelle, le législa
teur ne considère l'absence de spéculation que
comme une preuve que les autres conditions sont
remplies. Si ces plaisirs étaient la chose d'un
entrepreneur, il y aurait publicité, car l'organisateur ferait tous ses efforts pour augmenter le
nombre de ses adhérents, fussent-ils étrangers les
uns aux autres, et le prix payé ne serait plus destiné à couvrir les frais, mais à réaliser des bénéfices.

Le décret de 1808 est le seul texte qui ait pu être invoqué en faveur de la solution que nous combattons. Les lois de l'an V sont muettes et, nulle part, il n'est question du but poursuivi.

De là, il faut tirer cette conséquence que, dès qu'il y a possibilité pour tous d'avoir des convocations, dès qu'il y a prix payé destiné à procurer des recettes, le droit des pauvres devient exigible sans qu'il y ait à examiner si ces recettes tomberont dans la caisse d'un spéculateur ou d'une œuvre charitable ou d'utilité générale.

Faisant application de ces principes, le Conseil d'État a fréquemment condamné au paiement du droit des pauvres des œuvres qui se proposaient d'affecter la totalité de leurs recettes au soulagement des indigents. On a vu précédemment deux décisions en ce sens, l'une contre une société de Saint-Servan, l'autre contre le patronage d'Ollone. Citons encore un arrêt du 27 juillet 1883 (1) contre les Francs-Maçons de Rouen qui avaient organisé un bal au profit de la caisse maçonnique :

« Considérant, dit cet arrêt, que les textes ne font aucune distinction entre les représentations ou réunions qui sont organisées dans un but de spéculation et celles qui ont pour objet une œuvre de bienfaisance ».

(1) *Recueil Cons. d'État*, 1883, p. 699.

Ceci est juste, mais, nous avons vu que le Conseil d'Etat exempte les courses de chevaux et les expositions universelles, en raison de leur but d'utilité générale. N'y a-t-il pas là quelque contradiction? Et si les textes ne contiennent en effet aucune distinction entre les réunions dont le but est commercial et celles où il est charitable, où a-t-on vu que ces mêmes textes contenaient une distinction entre les spectacles d'utilité publique et les spectacles de pur plaisir? En cette matière, la règle à suivre est de ne jamais considérer la caisse où tomberont les recettes. Sans doute il serait souvent désirable que ces fêtes de charité échappent à l'impôt, mais c'est au législateur d'amender la loi et non à la jurisprudence d'ajouter à ses dispositions.

TITRE III

BILLETS DE FAVEUR ET BILLETS D'AUTEURS

D'après M. Leroy, rapporteur de la Commission de la Chambre et d'après le Syndicat des Théâtres, il est émis annuellement à Paris 2.890.000 billets de faveur. On a constaté que dans les théâtres de premier ordre, il entre chaque soir deux payants pour deux non-payants ; dans les théâtres de genre trois payants pour un non-payant et dans les théâtres populaires 14 payants pour un non-payant. Ces billets, ou, pour mieux dire, les spectateurs qui en usent, doivent-ils payer le droit des pauvres ? Les chiffres que nous venons de citer montrent suffisamment l'importance de la question pour la caisse de l'Assistance publique.

Il est impossible de donner une solution générale ; ces billets ne sont pas tous identiques et il en existe un grand nombre de catégories.

Voici les principales :

Les billets d'auteurs.

Les billets de service délivrés aux acteurs ou employés d'un théâtre.

Les billets d'administration destinés aux personnes en relations constantes avec l'entreprise : journalistes, médecins, autorités civiles ou militaires.

Les billets d'acteurs que les artistes se réservent de donner en y apposant leurs signatures.

Enfin, les billets de faveur proprement dits.

Au point de vue du droit des pauvres, on peut faire rentrer tous ces billets dans trois catégories bien distinctes.

1) Les billets dont la gratuité n'est qu'apparente et qui ne sont en réalité qu'une rémunération indirecte accordée soit aux auteurs, soit aux acteurs ou à d'autres personnes (actionnaires, propriétaire de la salle, etc.).

2) Les billets de faveur véritablement gratuits qui ne donneront lieu, directement ou indirectement, à aucun payement : tel est le billet du critique théâtral ou d'un invité quelconque du directeur.

3) Les billets à droits qui permettent au public d'entrer au théâtre moyennant une réduction plus ou moins forte sur les prix affichés au bureau.

I. — Billets non gratuits.

Pendant longtemps les directeurs de théâtre accordèrent aux auteurs dont ils représentaient les pièces, un certain nombre d'entrées véritablement gratuites que ceux-ci distribuaient à leur guise. Mais les entrepreneurs de spectacle ne tardèrent pas à voir dans l'allocation de billets, un moyen très pratique de se libérer d'une partie de la rémunération à laquelle les auteurs avaient droit. Ces derniers furent dès lors payés partie en argent, partie en billets. Il fallut en tirer parti et ce fut l'origine d'un commerce tout nouveau qui a pris à Paris une extension considérable.

Ce commerce s'exerce officiellement sous le contrôle de l'Association des auteurs dramatiques. Les billets passent des auteurs à des industriels qui les revendent au public. Il y a donc bien là un prix payé, car ces places constituent de véritables recettes pour les caisses théâtrales en leur permettant la compensation de dépenses qu'elles évitent.

Ces billets servent actuellement à acquitter les sommes dues à un grand nombre de personnes autres que les auteurs. C'est grâce à eux, que sont rémunérés en partie les acteurs, les employés, les agents de publicité et les décorateurs. Les spectaleurs qui s'en servent doivent certainement payer la taxe ; la loi en effet a entendu atteindre le droit d'assister aux représentations théâtrales, quelle que fût la forme du paiement que ce fût une somme d'argent ou l'acquit d'une dette.

Sur quelle somme sera acquitté le droit dans ce cas ? Sur la somme réellement payée par celui qui utilise le billet ou sur le prix de la place au bureau? Sans aucun doute, sur le prix réellement payé, puisque le spectateur doit l'impôt proportionnellement à ce qu'il débourse Mais la difficulté est de connaître ce prix puisque le payement est fait ailleurs qu'à la caisse du théâtre. L'Assistance publique n'a aucun moyen de le contrôler et c'est ce qui explique qu'en pratique le droit est perçu sur le prix de la place au bureau.

II. - Billets gratuits.

Ces billets très nombreux dans les théâtres parisiens sont délivrés, soit aux critiques, journalistes, etc., en considération de leur profession, soit au public ordinaire. Leur grande utilité est de permettre de remplir une salle de spectacle aux mauvais jours et de donner aux rares spectateurs payants l'illusion d'une pièce à succès. Même en cas de prospérité les directeurs y ont recours, car on a remarqué que la diminution du nombre des entrées gratuites entraîne presque toujours la diminution des entrées payantes : le billet de faveur en ce sens est un véritable moyen de publicité et non des moins efficaces.

Nous examinerons plus tard s'il serait désirable que le billet de faveur contribuât au soulagement des malheureux, et qu'une réforme soit opérée sur ce point. Légalement, en effet, il résulte des textes que les entrées gratuites ne peuvent donner lieu à la perception du droit des pauvres. Aucun prix n'est payé ni directement, ni indirectement ; l'impôt manque donc de base puisqu'il est en sus du prix.

Cette solution n'est pas admise par tous les auteurs. Le législateur, dit-on, a voulu atteindre le plaisir, quel qu'il soit. Il n'est pas essentiel que le prix soit payé, il suffit pour que l'impôt ait une base suffisante que le prix du billet soit facile à évaluer en argent. En disant : Il sera perçu un décime par franc en sus de chaque billet d'entrée, la loi de frimaire n'a pas entendu poser ce principe que la taxe ne serait due qu'autant que la place serait payée, elle a voulu simplement déterminer la base théorique sur laquelle l'impôt serait perçu. Et s'il n'est pas question des billets de faveur en l'an V, c'est qu'à cette époque ils n'existaient pas (1).

(1) Voy. Bechet, *op. cit.*

Cette théorie, soutenue d'ailleurs par les partisans de l'extension indéfinie du droit des pauvres,
semble tirer des textes des conclusions qui n'y
sont pas et que rien n'appuie. Quand la loi en effet
dit un décime par franc, il paraît difficile de ne pas
en déduire cette conséquence qu'il est nécessaire
que ce franc soit payé pour que le décime soit
perçu ; de plus le décret de 1809 exempte de tous
droits ies représentations gratuites : si le spectateur ne doit pas la redevance lorsque la représentation est gratuite pour tous, pourquoi la devrait-
il lorsqu'elle est gratuite pour lui seul ?

III. — Le billet à droits.

Cette variété du billet de faveur est assez récente
et n'a pris une grande extension que depuis quelques années.

A l'origine ces billets furent inventés pour payer
des frais de publicité ; ils étaient déposés chez
certains commerçants qui les remettaient gratuitement au public. Moyennant le versement d'une
somme très modique, 0.50 ou 0.60 centimes au
guichet du théâtre, le spectateur occupait une
place d'une valeur bien supérieure. Bien entendu,
l'Assistance publique ne percevait l'impôt que sur
le prix réellement payé.

Ce genre de billets avait un inconvénient grave,

qui le fit rapidement abandonner : celui de ne pas
assurer au spectateur des places spécifiées d'avance.
Personne n'en voulant plus, une nouvelle forme
fut créée. La somme réclamée fut plus forte : 2 ou
3 francs, mais une certaine catégorie de places
était garantie. En raison de cet avantage, la vogue
de ces billets fut telle que les dépositaires songè-
rent à en tirer parti et se mirent à les vendre au
public 1 franc ou 1 franc 50. Cette combinaison
lésait gravement l'Assistance publique, puisque,
le prélèvement ne portant que sur la somme versée
au théâtre, toute une partie du prix échappait à
l'impôt.

Frappés de cet avantage, et heureux de voir une
partie de leurs recettes échapper à une taxe
détestée, les directeurs perfectionnèrent encore
cette combinaison : ils arrivèrent à dissimuler
totalement le prix. Pour arriver à ce résultat le
théâtre n'exigeait plus aucun versement au bureau ;
mais, après entente avec les dépositaires, ces billets
étaient vendus 3 ou 4 francs au public, la somme
était partagée entre les deux parties et l'Assistance
publique ne percevait rien.

Les établissements charitables s'émurent de ces
fraudes et M. Clément, commissaire aux déléga-
tions judiciaires, fut chargé d'une enquête, que la
mort de l'enquêteur empêcha d'aboutir. Ces agis-
sements, est-il besoin de le faire remarquer, sont

absolument contraires à la loi, et, on va le voir, à la jurisprudence du Conseil d'Etat qui déclare que tout billet payant doit être frappé par la taxe, quelle que soit la combinaison destinée à dissimuler le prix.

IV. — Jurisprudence.

Les billets de faveur s'introduisirent de bonne heure à Paris. L'ancien régime dut s'émouvoir de leur nombre : en 1720, les entrées gratuites sont prohibées et cette défense est renouvelée en 1745, 1769 et 1780 (1). Le 29 mars 1776 une ordonnance cependant permet d'entrer à l'Opéra « à partir de « la quatrième représentation d'une pièce, pourvu « qu'on fût inscrit sur l'état des entrées gratuites, « arrêté par les ordres du roi ».

Vers l'an XII, l'administration estima que le grand nombre des places gratuites nuisait aux pauvres en diminuant le nombre des entrées payantes : le ministre de l'intérieur proposa un règlement d'administration publique qui frapperait expressément de la taxe tous les billets gratis. Le Conseil d'Etat, par un avis du 4 fructidor

(1) F. Worms. Rapport, p. 37.

an XIII (1), décida qu'il n'y avait pas lieu d'adop-.
ter la mesure proposée, et que c'était aux autorités locales à prendre des décisions pour éviter
les abus.

De 1820 à 1830, l'Assistance publique fit de
grands efforts pour arriver à la taxation des billets de faveur. La question est maintes fois men-
tionnée dans le registre des délibérations des
conseils des hospices. Le 5 décembre 1820 « les
« contrôleurs sont chargés de relever sur les
« feuilles des théâtres le montant des sommes
« précomptées aux auteurs pour valeur de billets
« d'entrée et le régisseur est autorisé à percevoir la
« taxe sur le montant de ces sommes » (2).

Le 6 septembre 1826, une commission est chargée de représenter l'Assistance publique à des con-
férences au ministère de l'Intérieur « sur la vente
« des billets non gratuits et l'interdiction de vendre
« des billets ailleurs qu'au bureau ». Il semble
qu'un résultat est acquis, car on lit le 3 juin 1829 :
« Modération au huitième de la taxation de Tivoli
« à condition que les billets de faveur soient sou-
« mis au droit. » Enfin, le 27 août 1829, l'administration charitable obtient un arrêté du Conseil de

(1) De Watteville. *Législation charitable.*
(2) F. Worms. Rapport, p. 93.

préfecture qui déclare que **tout** billet donnant entrée dans les spectacles doit la **taxe des** indigents.

Un arrêt du Conseil d'État du 8 janvier 1831 (1)
confirmant cette doctrine décide « que les **entre-**
« preneurs de théâtres ne peuvent soustraire à la
« dite taxe les billets qui seraient vendus ailleurs
« qu'au bureau ni affranchir ceux qu'il leur plai-
« rait de délivrer gratuitement ». Cette jurisprudence qui n'admettait aucune distinction, aug-
mentait sans doute le produit du droit des pauvres
mais elle pouvait être fort dangereuse pour l'a-
venir de l'institution elle-même. Le 9 février
1831, le conseil des hospices fixa le nombre des
billets gratuits sur lesquels le droit devait être
perçu, au vingtième de la jauge des salles de spectacles. Cette mesure pouvait s'interpréter en ce
sens que la taxe était établie sur toutes les places
du théâtre, occupées ou non : l'impôt dès lors
frappait l'entrepreneur au même titre que l'impôt
foncier ou la patente ; c'était légitimer toutes les
attaques adressées au droit des pauvres qui, seul,
d'après ses détracteurs, cause la ruine des théâtres.
Or, nous savons que le prélèvement doit frapper
non le théâtre, mais le spectateur payant. Une
distinction était donc nécessaire entre les billets

______

(1) *Gazette des Tribun.* du 21 février 1831.

de faveur proprement dits et ceux qui, à un moment quelconque, ont acquitté un prix.

Cette distinction fondamentale, le Conseil d'État
ne tarda guère à la faire, puisque l'année même
du premier arrêt, il revint sur sa jurisprudence.
Un arrêt du 5 août 1831 (1) porte « qu'en ce qui
« est étranger à la police des spectacles, les entre-
« prises théâtrales ne peuvent plus être regardées
« que comme des entreprises industrielles dont
« les produits doivent, relativement aux contri-
« butions, être régis par les règles ordinaires ; que
« la taxe au profit des pauvres n'est plus, dès
« lors, qu'une contribution assise et perçue en
« vertu de la loi annuelle de finances, en sus du prix
« des billets d'entrée dans les spectacles ; qu'ainsi
« elle doit atteindre tous les billets d'entrée non
« gratuits, nonobstant les combinaisons qui ten-
« draient à dissimuler ce prix, soit par la vente
« des billets ailleurs qu'au bureau, soit en les
« faisant servir au payement des frais ; mais
« qu'elle ne peut s'étendre aux billets d'entrée
« qui ne donnent lieu au payement d'aucun prix
« ou compensation, soit au bureau, soit ailleurs. »
Souvent, depuis 1831, cette question des billets
de faveur fut de nouveau discutée ; ainsi au Sénat
le 18 mai 1866 et à la Chambre en 1863 et dans

____

(1) *Recueil Cons. d'État*, 1831, p. 301.

les nombreux projets de réforme proposés. C'est en examinant ces derniers que nous nous demanderons s'il est nécessaire et désirable de changer la législation actuelle sur ce point.

TITRE IV

QUOTITÉ DU DROIT DES PAUVRES

D'après la législation actuelle, le taux du droit
des pauvres n'est pas le même pour tous les établissements qui y sont assujettis. A l'origine, la
loi de frimaire an V n'avait fait aucune distinction :
le droit d'un décime par franc ou d'un onzième
de la recette brute s'appliquaient à tous les divertissements publics, que ce fussent des théâtres, des
bals ou des feux d'artifice. Mais ce régime ne
dura pas longtemps : l'art. 1 de la loi de thermidor est ainsi conçu. « Le droit d'un décime par
« franc continuera à être perçu en sus du prix de
« chaque billet d'entrée....., dans tous les spec-
« tacles où se donnent des pièces de théâtre.

Et l'article 2. « Le même droit d'un décime
« par franc établi à l'entrée des bals, feux d'artifice,
« concerts, courses et exercices de chevaux et
« autres fêtes où l'on est admis en payant est
« porté au quart de la recette. »

G. — 8

D'après cette loi deux taux différents sont applicables, suivant la nature du spectacle, soit 10 centimes par franc, soit un quart en sus du prix de la place. Un loi du 3 août 1875 a ajouté la quotité de 5 0/0 dans un cas particulier.

Les établissements de plaisir doivent donc être classés en trois catégories.

1° *Perception du quart de la recette brute.* — *a*) Les bals publics donnés dans les théâtres ou dans des salles spéciales.

b) Les cirques.

c) Les feux d'artifice.

d) Les exercices de corde. (Cons. d'État, 29 octobre 1809).

e) Les concerts non quotidiens organisés par un entrepreneur et non par une association d'artistes.

f) Les fêtes où l'on est admis en payant.

2° *Perception d'un onzième de la recette.* — *a*) Les spectacles où se donnent des pièces de théâtre.

b) Les concerts quotidiens.

Loi du 16 juillet 1840.

c) Les panoramas et théâtres pittoresques et mécaniques.

Arrêté du 10 thermidor an XI.

d) Les théâtres de marionnettes et d'ombres chinoises.

Avis du Cons. d'État, 16 février 1832.

e) Les salles de curiosités et d'expériences phy-siques.

Décision ministérielle du 9 mai 1810.

3° *Perception de 5 0/0 sur la recette brute. —* Les concerts non quotidiens donnés par des artistes ou des associations d'artistes.

Loi du 3 août 1875.

Les représentations gratuites sont totalement dispensées du droit. Quant aux représentations à bénéfice, le droit ne sera perçu que sur les prix ordinaires et non sur l'augmentation apportée à cette occasion (Décret du 9 décembre 1809), pourvu que l'artiste ait droit à ce bénéfice d'après son engagement ou bien que ces représentations soient données en faveur de leurs veuve ou orphelins (Circulaire ministérielle du 19 décembre 1809).

Pourquoi, au point de vue du taux, une distinc-tion a-t-elle été faite par la loi, entre les diverses sortes de spectacles? Pourquoi demander à celui qui va au bal un quart en sus du prix de l'entrée, tandis que le spectateur d'une comédie ou d'un opéra payera seulement un décime par franc?

Fabre, au conseil des Cinq-Cents, en donna plusieurs raisons: La principale, à vrai dire,

semble avoir été la nécessité d'augmenter le produit d'une taxe qui n'était pas suffisante pour les
besoins et des hôpitaux et des bureaux de bienfaisance. Mais il en est d'autres : c'est d'abord, la
faveur particulière due à l'art dramatique « au
point de vue de l'éducation publique » : puis celle
idée qu'un traitement égal pèserait beaucoup plus
lourdement sur les théâtres que sur les autres
spectacles. Dans un théâtre, en effet, le prix de la
place une fois payé, le public n'a plus rien à
débourser, plus rien en tout cas qui tombe dans
la caisse du théâtre. En est-il de même dans les
bals, les jardins publics, etc ? Là, pour l'entrepreneur, le prix d'entrée n'est qu'une faible partie de
la recette. Une fois à l'intérieur, le spectateur sera
sollicité de mille manières à la dépense : des jeux,
des amusements de toute sorte lui seront offerts et
chaque distraction nouvelle amènera dans la caisse
de nouvelles sommes. Comment contrôler cette
recette si diverse et si divisée : l'Assistance publique
se heurte à une impossibilité ; de là l'idée de la loi
d'augmenter considérablement le taux de l'impôt
sur la recette visible et facilement connue pour
atteindre les bénéfices accessoires.

Taux normal. — Des deux quotités principales,
laquelle représente le droit commun et laquelle
l'exception ; en d'autres termes voici un établis-

sement d'un genre nouveau, inconnu jusque-là, quelle quotité l'Assistance publique devra-t-elle lui appliquer, celle du quart ou celle du onzième? Quel doit être le critérium qui fera ranger ce spectacle dans une catégorie plutôt que dans une autre?

A lire la loi de thermidor an V, on peut, semble-t-il, affirmer que la quotité du quart doit être considérée comme le droit commun applicable. L'article premier en effet soumet à la taxe du onzième « tous les spectacles où se donnent des « pièces de théâtre », et l'art. 2 porte au quart le droit sur l'entrée « aux bals, concerts, feux d'artifice....., « et autres fêtes où l'on est admis en payant ». La généralité de ce dernier terme exprime bien ce que veut dire le législateur : Tous les spectacles publics seront taxés au quart, sauf ceux où l'on représentera des pièces de théâtre pour qui le taux sera du onzième. De là, il faut également tirer cette conclusion — et c'est le véritable critérium — que, pour fixer le taux applicable à un spectacle donné, il suffira d'étudier si ce divertissement a le caractère d'une pièce de théâtre ou non. Est-ce par exemple un établissement de pantomimes? taux du onzième, car c'est un théâtre. Est-ce au contraire une de ces entreprises, connues de nos jours sous le nom de « Casinos » ou de « Folies »? taux du quart, car ces spectacles tiennent du cirque, du concert, etc. Une application, indirecte, il est vrai, de ces idées a été faite par l'arrêté du 10 thermidor an XI : il s'agissait de panoramas mécaniques qu'il est difficile d'assimiler aux théâtres : il fallut un texte spécial pour que le taux du onzième leur fût appliqué.

En pratique, cette question du taux normal n'est pas réglée d'après la théorie que nous venons d'exposer. A Paris, l'Assistance publique part d'un principe tout différent : l'établissement donne-t-il des représentations quotidiennes ? l'administration perçoit le onzième. Les représentations sont-elles accidentelles ou espacées? perception du quart. C'est ainsi que, contrairement au texte formel de la loi, les cafés-concerts, les bals, les fêtes de bienfaisance, spectacles qui ont peu de rapport avec les théâtres sont taxés au onzième au lieu du quart, et certains auteurs (1) prétendent même appliquer le taux du quart aux théâtres non quotidiens.

Le fondement de ce système est dans une circulaire ministérielle du 9 mai 1809 qui prétendait interpréter la loi et qui porte : « Les établissements « où se jouent des pantomines ou des scènes « équestres, comme les cirques, les hippodromes, « les salles de curiosité, les musées de personnages

_____

(1) Voyez Cros-Mayrevielle. *Op. cit.*

« en cire, les séances de prestidigitation, sont as-
« similés aux théâtres pour les droits à perce-
« voir. » De là est venue cette idée, et on pense
bien que les intéressés ne réclamèrent pas, qu'il
fallait rechercher un autre critérium que celui
indiqué par la loi et on crut le trouver dans la
périodicité des spectacles, idée confirmée par la loi
du 16 juillet 1840 sur les concerts quotidiens.

Pour nous ces décisions, toutes de faveur, sont
exceptionnelles et ne doivent pas être étendues.
Les lois de l'an V sont trop contraires à cette manière de voir pour qu'on puisse l'accepter. Si l'Assistance publique l'applique, c'est surtout parce
que, pratiquement, le taux du quart est exagéré
et qu'il a fallu trouver un moyen pour donner satisfaction aux réclamations incessantes qui lui sont
adressées. Quant à nous, tant que les lois existantes n'auront pas été modifiées, nous croyons
que les théâtres seuls et les établissements qui
peuvent leur être assimilés sans forcer le sens des
mots, doivent payer le onzième ; tous les autres
spectacles doivent être taxés au quart. Le Conseil
d'État a d'ailleurs rendu une décision en ce sens
le 16 juin 1841 (1), « considérant qu'aucune pièce
« de théâtre n'étant représentée à Bordeaux par
« les sieurs K. et L, c'est avec raison qu'ils avaient

____

(1) Cons. d'État. *Recueil*, 1841, p. 254.

« été soumis au payement d'un quart de leur re-
« cette. »

Si à Paris, l'Assistance publique change, malgré
la loi, la quotité applicable à certains spectacles,
il faut ajouter qu'elle applique en pratique une
quantité de taux dont les textes n'ont jamais parlé.
Le taux du quart n'est presque jamais appliqué, à
moins de lutte entre l'entrepreneur et l'administration. Dans les cas où elle aurait le droit de le
faire, elle accorde de larges modérations, pouvoir
que nulle part la loi ne lui accorde. De très fréquentes décisions du Conseil général des Hospices
ou du Conseil de surveillance, sont les réponses
aux innombrables requêtes adressées à l'administration hospitalière. Deux systèmes sont employés :
ou bien fixation d'une somme une fois donnée, ou
bien abaissement du taux légal exigible. Ainsi le
15 décembre 1892, une décision de principe
porte :

« Le taux sera de 15 0/0 sur les bals publics; de
« 5 0/0 pour les fêtes données par les comités étran-
« gers lorsque la recette doit aller aux pauvres autres
« que ceux de Paris; de 1 0/0 pour les fêtes données
« en faveur des pauvres parisiens par les Sociétés de
« secours mutuels et les œuvres de pure bienfai-
« sance, enfin de 5 0/0 pour les œuvres visant un
« autre but que le soulagement des indigents. »

Ces modérations, tout en étant parfaitement légitimes, ne sont pas légales, l'Assistance publique avoue par là que le taux du quart est impraticable; nous en tirerons plus tard argument pour demander une réforme sur ce point.

TITRE V

DIFFÉRENTS MODES DE RECOUVREMENT

1) *Le directeur de théâtre est le percepteur du
droit des pauvres.* — On doit remarquer tout
d'abord que c'est presque une inexactitude de
parler de plusieurs modes de recouvrement. Le
contribuable du droit des pauvres, en effet, c'est-à-
dire le spectateur, le paye toujours de la même
manière entre les mains du même percepteur : le
directeur de l'établissement. Pour lui c'est toujours
à l'entrée du spectacle qu'il acquitte l'aumône
obligatoire que la loi lui impose. Ce qui varie, ce
sont les différents moyens employés pour faire
passer le produit, de la caisse du directeur où il
se trouve en dépôt, dans la caisse hospitalière qui
doit le dépenser.

D'après l'article 6 de la loi de frimaire an V,
les établissements d'assistance publique avaient
la faculté de déterminer les mesures qu'ils ju-

geaient convenables pour assurer le recouvrement du droit.

Comment se fit la perception à l'origine ? Il est certain qu'à la Comédie française l'impôt était perçu à l'intérieur du théâtre à un guichet spécial où le spectateur muni de son billet allait acquitter le décime en sus. Il est probable que ce système fonctionna dans les autres établissements. Les directeurs y mettaient tout le mauvais vouloir possible, ainsi que le constate un considérant de l'arrêté du 29 frimaire an V. C'était, il faut le reconnaître, fort gênant pour le public de passer à deux guichets, c'était favoriser les encombrements et prolonger l'attente des spectateurs. Le gouvernement dut intervenir par un arrêté du 29 frimaire an V :

« A compter de la notification du présent arrêté,
« les directeurs et entrepreneurs de tous les spec-
« tacles et salles de bal seront tenus de percevoir
« au profit des indigents un décime par franc au
« dessus du prix d'entrée. »

Par ce texte, les directeurs sont constitués les percepteurs du droit des pauvres; ils doivent l'encaisser en même temps que le prix du billet et ils ne peuvent sous aucun prétexte se soustraire à cette obligation. Ils essayèrent pourtant souvent d'y échapper. Ainsi, en 1869, la commission qui avait été nommée n'ayant pas réalisé leurs espé-

rances. les principaux directeurs de Paris refusèrent formellement de percevoir l'impôt. Les
contrôleurs furent jetés à la porte. L'affaire fut
portée en référé, puis à la Cour de Paris. Ces deux
juridictions refusèrent d'annuler les contraintes
décernées par l'Assistance publique (1) et les directeurs durent céder.

Les entrepreneurs de spectacles, percepteurs
forcés de l'impôt sont donc de véritables comp-
tables de deniers publics ; un jugement du tribunal
de commerce de Marseille leur a formellement reconnu cette qualité.

« Attendu que le directeur qui touche pour le
« compte des pauvres le droit qui leur appartient
« sur le montant des abonnements et locations
« des loges, sans que l'administration du bureau
« de bienfaisance puisse procéder elle-même à
« cette perception est envers cette administration
« un véritable comptable de deniers publics » (1).

2) *Différents modes de recouvrement.* — Quels
sont les moyens qui peuvent être employés pour
faire tomber le produit de l'impôt dans la caisse
des établissements charitables ?

La loi de frimaire an V laisse sur ce point la

(1) *Gazette Tribun.*, 5 et 11 mars 1870.
(1) Pand. françaises. Voyez *Droit des pauvres*, nᵒ 156.

plus grande liberté aux bureaux de bienfaisance, sauf cependant une condition : l'autorisation préfectorale.

En pratique quatre modes peuvent être employés :

1) *La régie simple ou directe.* — Dans ce cas, l'administration soumet la recette opérée par le directeur à la surveillance directe d'un de ses préposés. Celui-ci se rend à chaque représentation et après avoir établi le compte des sommes encaissées, prélève immédiatement la part que le public a déposée en faveur des pauvres. Le receveur de l'établissement charitable, sous sa propre responsabilité, est chargé de l'encaissement.

2) *La ferme.* — L'administration charitable traite avec un entrepreneur qui, moyennant un prix déterminé de gré à gré, se charge à ses risques et périls de l'encaissement des droits. On doit alors se conformer aux règles fixées pour les baux des hospices.

3) *La régie intéressée.* — L'entrepreneur s'engage à payer, quel que soit le produit de l'impôt, une certaine somme convenue. Si le montant des recettes dépasse cette somme, il prélève pour se couvrir de ses frais, une part fixée d'avance.

L'excédent est réparti dans une proportion déterminée entre l'entrepreneur et l'administration hospitalière.

4) *L'abonnement.* — Le préfet peut autoriser des abonnements quand, dit un arrêté du 22 février 1897 « le contrôle serait trop long et trop difficile ».

Comment se fit depuis 1699 à Paris la perception du droit des pauvres ?

Pendant l'ancien régime on employa le système de la régie directe, surtout les premières années, mais ensuite sous Louis XV et Louis XVI, ce fut presque continuellement le système des abonnements.

Après le court essai, en l'an V, de la perception de la taxe par un bureau spécial dans chaque théâtre, ce furent surtout la ferme et la régie intéressée qui furent pratiquées. Le régisseur, aidé d'un certain nombre de contrôleurs, percevait le droit pour le compte de l'administration, qui se réservait le droit de modérer le taux de l'impôt et de consentir des abonnements. Les abonnements furent quelquefois généralisés pendant certaines époques troublées. Ainsi en 1830 le Théâtre français versa 1.100 francs par mois, le Théâtre italien 2.250, les Folies dramatiques 1.800 et les Funambules 1.900 francs (1). Bientôt d'ailleurs on

(1) F. Worms. Rapport, p. 96.

én revint à la régie intéressée. Puis le 25 octobre 1855, le Conseil de surveillance autorise l'essai de la régie directe qui avait échoué en 1833, et le 25 juin 1856, un arrêté du Directeur de l'Assistance publique organise définitivement le prélèvement direct par les agents de l'administration : c'est le système encore appliqué de nos jours à Paris, avec, mais dans une très faible mesure, le système des abonnements.

La régie directe a en effet de grands avantages, il n'y a pas de fraudes possibles et la loi produit son plein effet. Ce qui entre dans la caisse des pauvres est strictement proportionnel aux recettes journalières brutes. Son seul inconvénient est d'être onéreux pour l'Assistance publique puisqu'à Paris la perception nécessite l'emploi de 76 contrôleurs, dont l'appointement minimum est de 1.000 francs par an.

Chaque soir, plusieurs inspecteurs de l'administration se rendent dans les établissements qui leur sont attribués : ils vérifient par eux-mêmes et constatent le chiffre total entré en caisse dans la journée, soit par suite du payement des places prises à la porte, soit par suite du payement des places dites de location, et c'est sur ce chiffre brut qu'ils prélèvent et emportent aussitôt le taux prévu par la loi.

Quant aux abonnements quelques chiffres mon-

treront léur peu d'importance. Sur un produit
en 1896 de 3.429.192 francs, 3.279.070 ont été perçus par la régie directe et 150.112 francs par
abonnement. Ce dernier mode n'est appliqué
qu'aux établissements très modestes où les frais de
contrôle seraient peu en rapport avec le produit.
C'est ainsi que les baraques de fêtes foraines sont
toutes abonnées : comment constater le montant
de leurs recettes provenant d'innombrables représentations journalières ? Le nombre des spectacles abonnés est très grand par rapport aux
contrôlés, il n'y a à Paris que 128 spectacles contrôlés et il y a 459 abonnés, mais parmi ces derniers 424 ne versent que de 1 à 50 francs par mois
et 23, 51 à 100 francs.

A propos des abonnements, une question assez
délicate se posa au cours de la Révolution de 1848.
Un théâtre a passé avec l'Assistance publique un
abonnement par lequel il s'engage à verser, à titre
de droit des pauvres, une somme fixe annuelle ou
mensuelle. Survient un cas de force majeure quelconque, révolution, guerre, incendie, qui met le
directeur dans l'impossibilité absolue d'ouvrir les
portes de son établissement. L'administration sera-t-elle en droit d'exiger, malgré cela, la totalité de
la somme fixée ?

En 1848, le sieur Seveste, directeur du théâtre
de Belleville, avait dû interrompre ses représenta-

tions quotidiennes. L'Assistance publique refusa toute réduction, prétendant que le contrat d'abonnement avait le caractère d'un contrat aléatoire, d'un marché à forfait, et que, par suite, le directeur devait en supporter les risques. Le directeur répliquait qu'il y avait cas de force majeure et que par suite le contrat était résilié.

Le Conseil d'État n'admit aucune de ces théories. Sa décision constate que, s'il y avait simple diminution de recettes, le contrat aurait dû produire son plein effet; mais, qu'en raison des représentations qui n'avaient pu avoir lieu, le sieur Seveste devait bénéficier d'une réduction proportionnelle.

Cette solution doit être pleinement approuvée : tout contrat, en effet, doit être interprété, non d'après sa lettre, mais d'après sa véritable portée révélée par la recherche de la volonté des parties. Par le contrat d'abonnement, l'Assistance publique cherche à s'exonérer des frais de perception et le directeur compte profiter de la différence qui pourra exister entre la somme que l'administration aurait perçue par prélèvement direct, et le montant de l'abonnement. Si, pour une raison quelconque, les recettes avaient diminué, la perte était pour le directeur, ainsi le voulait l'aléa du contrat; mais dans le cas de représentations supprimées par force majeure, il n'en était pas de même, car les parties avaient bien pu prévoir l'augmentation

G. — 9

ou la diminution des recettes, mais non leur absence absolue causée par un événement indépen-
dant de la volonté du directeur. Il convient donc
dans cette hypothèse — et le cas d'incendie est assez
fréquent pour qu'elle se produise — d'opérer sur
le prix fixé une réduction proportionnelle au
nombre de représentations qui n'ont pu avoir
lieu (1).

Mais, l'abonnement, si le contrat est muet sur
ce point, comprend toutes les représentations données, qu'elles soient extraordinaires ou non. En 1888
le directeur du Grand-Théâtre de Marseille avait
contracté un abonnement mensuel de 5.000 francs.
Bien que le théâtre fût spécialement destiné au
chant, le directeur donna trois soirées dramatiques.
Le bureau de bienfaisance émit une contrainte
pour le recouvrement du droit des pauvres sur les
recettes de ces représentations extraordinaires;
celles-ci, prétendait-on, ne rentraient pas parmi
celles pour qui le forfait avait été consenti. Le
Conseil de Préfecture des Bouches-du-Rhône ne
fut pas de cet avis et annula la contrainte. Le Conseil d'État approuva cette décision :

« Considérant que le bureau de bienfaisance de
« Marseille a accepté de fixer à forfait à 5.000 francs
« par mois le montant du droit des pauvres à

____

(1) Conseil d'État. *Recueil*, 1854, p. 707.

« payer pour les représentations qui devaient être
« données par le sieur Campocasso au Grand-
« Théâtre de Marseille, pendant les années 1886,
« 1887 et 1888, sans qu'aucune distinction ait été
« faite entre les représentations lyriques ordinaires
« et les représentations ayant un autre caractère ;
« que dès lors c'est avec raison que le Conseil de
« Préfecture a déclaré que le sieur Campocasso ne
« devait rien en dehors de son abonnement men-
« suel (1). »

Il est bien en effet dans l'intention des parties
de comprendre dans le montant d'un abonnement
toutes les recettes provenant de l'exploitation d'une
salle de théâtre, quelle que soit la source d'où
elles proviennent.

(1) Conseil d'État. *Recueil*, 1888, p. 1004.

TITRE VI

COMPÉTENCE ET CONTENTIEUX

Au sujet de l'application du droit des pauvres, et en raison même des critiques passionnées dont il est l'objet, il naît de nombreuses contestations : non pas entre l'administration et le contribuable, mais entre celle-ci et le percepteur de l'impôt. Le spectateur, lui, paye sa place et en même temps. le plus souvent sans s'en douter, il acquitte le décime ou le quart en sus.

Quant à l'entrepreneur, il peut refuser de percevoir la taxe, prétendant qu'elle n'est pas due pour le genre de spectacle qu'il offre au public ; il peut encore soutenir qu'on lui impose à tort tel taux au lieu d'un autre ; il peut aussi, ayant perçu la taxe. refuser de la restituer, ou bien refuser de la payer s'il ne l'a pas perçue par sa faute.

Devant quels tribunaux devront être portées ces contestations et dans quelle mesure devra-t on partager entre les tribunaux administratifs et civils la compétence des procès soulevés par le droit des pauvres ?

L'article 3 de l'arrêté du 10 thermidor an XI disait « que les contestations qui pourraient s'éle-« ver dans l'exécution ou l'interprétation seraient « jugées par les préfets en conseils de préfecture, « sur l'avis motivé des comités consultatifs établis « dans chaque arrondissement communal, sauf « recours au gouvernement ».

Mais l'article 2 du décret du 8 fructidor de l'an XIII décida que « les poursuites à exercer « pour assurer le recouvrement du droit des pau-« vres seraient dirigées suivant le mode fixé par « les lois et règlements relatifs aux recouvrements « des contributions directes et indirectes ». L'article 3 remettait la compétence des contestations aux Conseils de Préfecture seuls, avec recours au Conseil d'Etat, sauf exécution provisoire.

En conséquence toutes les fois qu'il s'agira soit de l'existence même de la dette soit de la quotité du droit, c'est aux tribunaux administratifs à statuer et les tribunaux judiciaires sont incompétents *ratione materiæ*.

C'est ce qu'a toujours reconnu la jurisprudence. Ainsi un jugement du tribunal civil de Lyon du 22 mai 1869 (1) porte :

(1) Dall. 1871, 3. 9, 96. Voyez encore Ordonnance référé Tribunal de la Seine, 3 mars 1891. Pand. franç. période. 92, 2, 96,

« Attendu que le tribunal, malgré la plénitude
« de juridiction qui lui appartient, ne pourrait
« sans excès de pouvoir statuer sur un litige dont
« la connaissance a été formellement réservée
« aux tribunaux administratifs, que c'est là une
« incompétence *ratione materiæ* qui doit être
« déclarée d'office et malgré le silence des parties. »

Mais, suivant le droit commun applicable en
matière de contributions indirectes, les tribunaux
de l'ordre judiciaire seront seuls compétents pour
apprécier la validité et la régularité des poursuites.

Ces principes furent appliqués dans l'espèce
suivante par un jugement du Tribunal des Conflits du 2 avril 1881 (1).

Un concert ayant été donné par une association
philharmonique, le président reçut un commandement signifié à la requête du percepteur et en
vertu d'une contrainte rendue exécutoire par le
préfet, d'avoir à verser au bureau de bienfaisance
le quart de la recette brute, sous peine de saisie-
exécution et de vente de ses meubles.

Le percepteur et le maire furent assignés devant
le tribunal civil, pour voir prononcer la nullité du
commandement et la cessation des poursuites

(1) Conseil d'État. *Recueil*, 1881, p. 392.

avec dommages et intérêts. Le préfet éleva le conflit.

Le tribunal des conflits trancha la question en ces termes :

« C'est aux tribunaux ordinaires qu'il appar-
« tient d'apprécier la régularité et la validité des
« actes ayant le caractère de poursuites judiciaires,
« la demande de dommages et intérêts et l'opportu-
« nité du sursis ; mais c'est au Conseil de Préfec-
« ture qu'il appartient de connaître de la contes-
« tation en tant que le réclamant soutient qu'il
« n'est pas débiteur, soit à raison de ce que, par
« sa nature, la susdite société échapperait à l'obli-
« gation de payer les droits exigés, soit parce que,
« en tout cas, il ne saurait être personnellement
« tenu de la dette. »

Poursuites. — On a vu que l'article 2 du décret du 8 thermidor an XIII assimilait, quant aux poursuites à exercer, le droit des pauvres aux autres contributions directes ou indirectes.

Cette disposition témoignait de la volonté du législateur d'autoriser les administrations hospitalières à assurer le recouvrement de ce qui lui était dû en s'appropriant les modes rigoureux de poursuites admis en matière fiscale.

Le recouvrement du droit des pauvres, en cas de résistance de la part des directeurs, sera donc fait par voie de contraintes administratives délivrées par l'Assistance publique ou le régisseur suivant le cas et rendues exécutoires par le préfet.

Cet arrêté du préfet est un acte purement administratif qui ne fait pas obstacle à ce que les entrepreneurs de spectacles poursuivis, se pourvoient devant les tribunaux (1).

De l'assimilation du droit des pauvres aux contributions indirectes, on conclut qu'il ne doit pas y avoir en cette matière de condamnation aux dépens, et que le recours au Conseil d'État, toujours ouvert, a lieu sans frais (2).

Privilège. — Le droit des pauvres est, comme toutes les contributions publiques, garanti par un privilège, en vertu de l'article 2.098 du Code civil.

Ce privilège cependant est moins étendu que celui dont jouit le trésor pour le recouvrement des impôts ordinaires : c'est la conséquence du fonctionnement tout spécial de cette taxe. D'ordinaire, c'est le contribuable qui fait l'objet de poursuites et tous ses biens sont atteints par le privilège. Ici l'entrepreneur poursuivi est simplement chargé de percevoir : ce n'est qu'un comptable, un simple dépositaire de la partie de la recette qui appartient

(1) Conseil d'État, 11 novembre 1831. Pand. fr. II, 3. 16.
(2) Conseil d'État, 7 août 1891. D. P. 92, 3, 105.

aux pauvres. Cette partie doit être prélevée par privilège avant toute autre créance mais ce privilège ne peut porter que sur cette recette, base de l'impôt et non pas sur le mobilier de l'entrepreneur ni sur le matériel d'exploitation (Trib. civil de la Seine 11 mai 1839. Absence de privilège sur le mobilier individuel du redevable. — Trib. commerce de Lille, 4 août 1882. Absence de privilège sur le cautionnement et la subvention théâtrale).

En cas de faillite, la recette ne pourra être saisie que déduction faite de l'impôt, qui ne se trouve dans la caisse qu'à titre de dépôt : c'est ce qu'a décidé le tribunal de Marseille dans un jugement du 4 mars 1843 dont voici les principaux motifs (1) :

« Attendu que le droit sacré des pauvres est en
« quelque sorte un droit de propriété auquel ne
« peut porter atteinte aucun créancier de l'entre-
« prise ; attendu que les recettes ne sont dues aux
« entrepreneurs que sous la déduction du droit
« des pauvres ; que, l'intention du législateur étant
« d'assurer le recouvrement du droit des pauvres
« par les mêmes moyens que ceux du trésor en
« matière de contributions indirectes, il serait ab-
« surde de supposer qu'il n'ait voulu attribuer à
« ce recouvrement que, la voie de la contrainte en
« lui refusant tout privilège, etc... »

(1) Pand. franc. Voy. *Droit des pauvres*, n° 157.

Répartition. — Avant 1789 le droit des pauvres allait tout entier aux hospices ; d'après la loi de frimaire an V, les seuls bénéficiaires étaient les bureaux de bienfaisance. L'exclusion des hospices ne dura guère car la loi de thermidor an V leur rendit une part dans le produit de l'impôt.

Quant à la répartition, comment et par qui sera-t-elle opérée ?

L'article 3 de la loi du 1ᵉ thermidor an V, est ainsi conçu :

« Le produit des droits perçus en vertu des articles
« précédents sera consacré uniquement aux hos-
« pices et secours à domicile dans les proportions
« qui seront déterminées par le bureau central
« dans les communes où il y aura plusieurs mu-
« nicipalités et par l'administration municipale
« dans les autres. »

En l'an VIII, il fallut mettre ces prescriptions en harmonie avec la nouvelle organisation administrative, ce fut l'objet de l'article 2 du décret du 7 fructidor an VIII : « Le produit de ces droits con-
« tinuera à être affecté aux besoins des hôpitaux
« et aux secours à domicile de chaque commune,
« d'après la répartition qui en sera faite par le
« préfet sur l'avis du sous-préfet. »

L'égalité dans la répartition entre les deux parties prenantes n'est nullement obligatoire, et le préfet jouit à ce point de vue de la plus grande liberté. Plusieurs circulaires ministérielles ont même permis d'attribuer la totalité du produit à un ou à plusieurs établissements. En pratique la plus grosse part va aux bureaux de bienfaisance qui sont en général moins richement dotés que les hôpitaux.

CHAPITRE III

APPRÉCIATION DE LA LÉGISLATION ACTUELLE ET DES RÉFORMES PROPOSÉES

A toutes les époques, on l'a déjà vu, aussi bien sous Louis XIV et Louis XV que sous la monarchie de Juillet, sous le Second Empire comme de nos jours, le droit des pauvres a été passionnément attaqué, mais aussi passionnément défendu ; ce sont d'une part les directeurs de théâtres, les auteurs et les publicistes qui accusent cet impôt d'être exceptionnel et inique, et de ruiner les théâtres; de l'autre, de nombreux jurisconsultes et surtout l'Assistance publique, gardienne du patrimoine des pauvres, qui ne laissent aucune critique sans réponse et multiplient les documents et les rapports pour démontrer la légalité et la légitimité de l'impôt.

De ces luttes qui durent depuis deux cents ans, il nous faut maintenant dégager les principaux reproches faits à la taxe en faveur des indigents : car, somme toute, quelle que soit l'époque, ce sont toujours les mêmes armes qui servent à ses détracteurs et à ses partisans ; ces objections une fois jugées, il nous sera facile d'apprécier les nombreux projets de réforme proposés et de déterminer s'il convient ou non de modifier la législation existante.

TITRE I

Les adversaires du droit des pauvres lui reprochent d'être un impôt illégal, injuste et exceptionnel, incompatible avec la liberté industrielle
des théâtres et surtout de ruiner les entreprises
de spectacles, et de causer la misère de ceux qui en
vivent.

I. — Le droit des pauvres est-il illégal ?

« Il est facile de prouver. dit un publiciste, que
« le droit des pauvres ne repose sur aucun prin
« cipe, qu'il n'a été que temporaire à toutes les
« époques, qu'il n'est plus qu'une taxe municipale
« non autorisée : par conséquent l'Assistance pu
« blique doit cesser immédiatement sa perception
« et si elle persiste à la continuer, il faudra sans
« trève ni relâche s'adresser aux tribunaux, car,

« quand une cause est équitable on doit la défendre
« quand même ; les causes équitables finissent
« toujours par triompher (1). »

Sur quoi reposent ces reproches d'illégalité ?

1) *Le décret du* 9 *décembre* 1809 a rendu définitive la taxe jusque-là temporaire et prorogée tous
les six mois. La dernière prorogation fut du 28 novembre 1808 ; le 28 mai 1809 une nouvelle aurait
dû intervenir. Il n'en fut rien; pendant six mois jusqu'au décret du 9 décembre, la perception ne re-
posa plus sur aucune base, les lois de l'an V ayant
disparu le jour même où l'impôt eut dû être prorogé.

Dès lors le décret de 1809 est illégal ; une loi
était nécessaire et pour remettre la taxe en vigueur
et pour la rendre définitive. Un décret pouvait bien,
d'après la constitution de l'an VIII, proroger un
impôt temporaire, mais non rétablir un impôt qui
n'existait plus. Le droit des pauvres fut donc perçu
illégalement de 1809 à 1817, époque à laquelle il a
pris place dans les lois de finances.

Et comme au budget, le droit des pauvres figure
dans un tableau ainsi intitulé : « Tableau des
« droits, dont la perception est autorisée conlor-
« mément aux lois existantes », et que depuis le

(1) De Philippi. *Des théâtres modernes en Europe*, 1860.

28 mai 1809 les lois de l'an V n'existent plus, la perception, même de nos jours, est illégale.

2) *Cette dernière opinion* n'est guère soutenable et de nos jours, elle semble complètement abandonnée.

Le droit des pauvres en effet est voté chaque année avec toutes les formes requises, au même titre que tous les autres impôts municipaux (1).

De plus, jamais les lois de l'an V n'ont été abrogées et le décret de 1809 n'est pas illégal. Pendant six mois sans doute, l'impôt ne fut pas prorogé régulièrement ; mais en quoi cela peut-il atteindre l'existence de la loi ? De 1809 à 1817, la perception fut légale, l'article 21 de la Constitution de l'an VIII portant que les décrets rendus par le pouvoir exécutif devenaient inattaquables lorsqu'ils n'avaient point été déférés dans les huit jours au Sénat Conservateur. Tel ne fut pas le cas du décret du 9 décembre 1809. La jurisprudence de la Cour de Cassation a fait d'importantes applications de cette idée ; ainsi pour le décret du 15 no-

(1) Budget. Etat D. § 2. Perception au profit des départements, communes, etc.

Dixième des billets d'entrée dans les spectacles (loi du 7 frimaire an V, 27 novembre 1796).

Quart de la recette brute dans les fêtes et lieux de réunion où l'on est admis en payant.(Loi du 8 thermidor an V, 26 juillet 1797.)

vembre 1811 sur le régime de l'Université et celui du 18 juin 1811 concernant les frais en matière criminelle.

Cette question d'illégalité, on peut aujourd'hui n'en parler que pour mémoire ; tous les esprits non prévenus, même ceux qui sont hostiles au droit des pauvres (1), ont reconnu qu'il ne pouvait y avoir aucune discussion sur ce point. Cet argument est même abandonné par les adversaires les plus acharnés, puisqu'ils ne réclament plus la suppression de l'impôt, mais seulement la modifica tion des lois *existantes*.

II. — Le droit des pauvres est-il une cause de ruine pour les théâtres ?

1) Toutes les fois qu'à Paris, l'industrie des théâtres a périclité pour une raison ou pour une autre, on a vu se reproduire les mêmes plaintes. « La faute principale, disent les directeurs, en est au droit des pauvres ; c'est à lui qu'il faut attribuer les faillites que nous subissons ; nos frais

(1) Critiquable au point de vue économique et au point de vue de l'équité, cet impôt échappe, malgré certains efforts mal inspirés, à toute contestation sérieuse au point de vue de sa légalité » Th. Ducrocq. *Cours de Droit administratif*, 7e édition. t. II, no 715.

sont trop élevés et il est impossible de faire prospérer une entreprise qui se voit enlever chaque
jour le onzième ou même le quart de ses recettes. »

« Les théâtres, dit M. Pougin (1), doivent trouver
« chaque année à Paris une somme de plus de trois
« millions à verser dans les coffres de l'adminis-
« tration. Qu'ont donc fait ces infortunés pour
« être ainsi pressurés? ». A toutes les époques, ce
sont des protestations presque identiques. Le
6 novembre 1849, une note publiée par les directeurs
parle : « de la Révolution de février qui a eu pour
« résultat de mettre en évidence le cancer qui
« minait au cœur les entreprises théâtrales. Le
« mal se résume en deux mots : multiplicité des
« théâtres et perception exagérée et excessive de
« l'impôt en faveur des hospices... Nous deman-
« dons que la bienfaisance ne devienne pas un
« prétexte d'oppression » (2). En 1869 et 1870, les
livres, les brochures, les articles de journaux sont
innombrables, qui renouvellent les mêmes critiques. « Inutile de discourir, dit encore, en 1887,
« une note adressée au Conseil municipal, sur
« l'iniquité du droit des pauvres qui ne frappe
« que l'industrie des théâtres. Tout a été dit et

(1) A. Pougin. Dictionnaire historique des théâtres et des
arts au mot : *Droit des pauvres.*
(2) *Journal Officiel.* Chambre. Annexes 1897, p. 1535.

« redit à ce sujet. Cependant, plus que jamais, la
« situation est critique et ne fait que s'aggraver ».
Enfin, au mois de février 1900, les directeurs de
théâtres examinent « la question du droit des
« pauvres qui frappe d'une façon si dure et si
« injuste leur industrie » (1).

Et pour montrer que c'est bien là, et non ailleurs,
qu'il faut chercher la cause du mal, on cite quelques faits prétendus probants. Ainsi, dit-on, en
1887, l'administration actuelle de l'Opéra a perdu,
dans sa première année d'exploitation, 240.000
francs et elle avait payé environ 300.000 francs de
droit des pauvres. Sans cet impôt, elle aurait
gagné 60.000 francs. D'autre part, si on examine
les statistiques des faillites théâtrales, on remarque
que le produit du droit est toujours supérieur au
passif. De 1806 à 1848, les syndics réclament
18 millions et l'Assistance publique a perçu 25 millions. De 1876 à 1896, il y a eu 164 faillites de
spectacles divers ; le passif total est de 18 millions,
le produit de la taxe de 63 millions (2). Eh bien, si
ces millions dont se sont enrichis les pauvres aux
dépens des théâtres étaient restés dans leurs caisses,
les faillites n'auraient pas eu lieu.

Ces faillites, les directeurs et les actionnaires ne

____

(1) *Id.*, p. 1536.
(2) *Journal Officiel,* id. p. 1535.

sont pas seuls à en souffrir : elles causent la misère de toute une population de petits employés, d'ouvriers qui gagnent péniblement leur pain dans les théâtres.

« J'ai vu, dit M. Berry, dans sa proposition de
« loi, un directeur qui, en 1895, suspendit ses
« payements à la fin d'un mois. Il avait pendant
« ce mois versé 8.000 francs pour les pauvres. Il
« devait à ses machinistes, employés, habilleurs,
« 7.800 francs ; il ne put les payer et nous fûmes
« obligés de donner des secours de loyer à trois
« familles attachées à ce théâtre et qui, pour la
« première fois, furent inscrites au bureau de bien-
« faisance » (1).

En 1880, dans la faillite du théâtre des Nations, le passif est de 81.000 francs et il est dû 22.000 francs de salaire. Le 28 février 1889, passif : 133.000 francs ; salaires dus : 17.000 francs ; en 1896, passif : 25.000 francs ; salaires dus : 19.000 francs.

M. Leroy, rapporteur de la Commission de la Chambre des Députés, trouve ces arguments fondés.

« Il faut bien, en effet, le reconnaître, les
« recettes de la plupart des entreprises théâtrales
« ne parviennent pas à équilibrer leur budget, et

(1) *Journal Officiel*. Chambre. Annexes 1896, n° 1419.

« c'est sur le petit personnel que retombe presque
« toujours le poids de cette situation... Certes, il
« est très beau de faire des lois pour ceux qui
« implorent la charité, mais il est préférable de les
« rédiger de façon à ne pas augmenter cette armée
« de pauvres déjà si considérable.. Les salaires
« sont sacrés ; y toucher, c'est compromettre la
« vie sociale » (1).

Il reste à prouver que cette situation a bien pour
cause le fonctionnement du droit des pauvres.

Les directeurs partent de cette idée que ce sont
eux qui acquittent la taxe, et non pas le spectateur.
Leur recette, disent-ils, leur appartient tout
entière : pourquoi vient-on leur en enlever une
partie ?

Le prix des places, en effet, ne se décompose
pas en taxe des pauvres et en rémunération pour
le plaisir donné ; il correspond exactement à la
valeur de l'objet vendu ; et c'est par un coup d'ar-
bitraire que l'Assistance publique prend une partie
des sommes qui appartenaient entièrement et
exclusivement aux théâtres.

Cela est si vrai que, pour le calcul des droits
d'auteurs, on ne déduit pas de la recette totale
encaissée le onzième dû aux pauvres ; le tant pour
cent est pris sur la recette brute, sans aucun re-

____

(1) *Journal Officiel.* Chambre. Annexes 1897, p. 1542.

tranchement ; c'est donc que le directeur est propriétaire unique de la recette, par application de l'adage : « *Nemo dat quod non habet* » et, si telle est la situation, comment soutenir que ce ne sont pas les entrepreneurs de spectacles qui payent, de leur propre argent, la taxe réclamée.

Historiquement, l'ordonnance de 1699 se base pour instituer le sixième en faveur de l'Hôpital général, sur les « bénéfices considérables » de l'Opéra et des Comédies. N'est-ce pas dire que le jour où il n'y a plus bénéfices, mais pertes, la taxe n'a plus aucune raison de subsister ?

2) Tels sont les arguments des adversaires du droit des pauvres Que faut-il en penser ?

Le motif, tiré de l'ordonnance de 1699 ne peut être accepté. Cette ordonnance comme celle de 1701 distingue avec soin le prix de la place et l'impôt ; le droit sera perçu, disent-elles, « en sus « des sommes qu'on reçoit à présent à l'entrée » ; il est donc absolument indifférent qu'il y ait des bénéfices ou des pertes, car la taxe suit le mouvement des entrées, s'augmente ou diminue avec elles. Les lois de l'an V, seules en vigueur actuellement, ne disent nulle part que le droit des pauvres portera sur les bénéfices des théâtres.

Quant au fait de la perception des droits d'auteur (1) sur la recette brute, sans déduction du montant de l'impôt, il est incontestable. Cela prouve-t-il que la recette tout entière appartient au directeur ? De ce qu'une personne dispose souverainement d'une chose, s'ensuit-il qu'elle en soit propriétaire, et l'acte de propriétaire qu'elle fait implique-t-il virtuellement en sa faveur le droit de propriété ? Nullement. Les auteurs reçoivent des directeurs des sommes qui n'appartiennent certainement pas à ceux-ci. C'est là une pratique vicieuse et regrettable et qui devrait disparaître ; on ne peut expliquer son maintien que par la puissance de la Société des auteurs, contre laquelle les théâtres ne peuvent lutter avec succès ; mais il est impossible d'en tirer argument, surtout en présence des textes que nous connaissons.

Tous ces textes en effet prouvent, et c'est là toute la question, que, loin d'être le débiteur de l'impôt, le directeur n'en est que le percepteur. Le contribuable, celui qui pourrait se plaindre et qui reste muet, c'est le spectateur. Faut-il rappeler encore les lois de l'an V : le système des deux guichets séparés (2). Il a plu aux directeurs d'opérer

(1) Quelques directeurs cependant déduisent dans ce cas le montant du droit des pauvres. Voir deux arrêts du Conseil d'État, 18 février 1865 et 4 juillet 1884

(2) La distinction entre le prix de la place et le montant du droit des pauvres a même subsisté de longues années. Jusque vers

la confusion entre les deux éléments du prix du billet d'entrée ; et cela a été maintenu parce que plus commode. Malgré cette pratique, la recette totale contient toujours deux parties : la rémunération du théâtre et la part des pauvres versée par le public. Les directeurs eux-mêmes l'admettent de nos jours, puisqu'ils ont décidé en assemblée générale que « à dater du 1er mars 1900, le droit « des pauvres sera perçu d'une façon distincte du « prix ordinaire des places. Un avis *ad hoc* sera « affiché à tous les bureaux des théâtres et deux « coupons, l'un du prix net de la place, l'autre du « droit de l'Assistance publique seront remis à « chaque spectateur » (1).

Alors, s'il est avéré que le droit des pauvres est perçu sur le public, que reste-t-il de l'accusation portée contre lui de causer la ruine des théâtres et de rendre leur exploitation impossible ?

L'industrie des théâtres est une industrie comme les autres, mais plus aléatoire. Il faut y compter avec le goût changeant du public, les exigences toujours croissantes des artistes et de la mise en scène, le prix exorbitant des loyers, et d'énormes

---

1860, le tarif du Théâtre français portait : Loges 6 fr. et 60 cent. pour les pauvres. Parterre 2 fr. 20, etc. Ce système est actuellement pratiqué à Lyon et les directeurs se proposent de l'appliquer à Paris.

(1) *Le Temps*, 19 février 1900.

frais de publicité. A ces causes, il faut ajouter et
c'est la principale, l'augmentation du prix des
places dans les théâtres ; depuis 1864, les tarifs
ont été élevés de 25 0/0. Le spectacle est devenu
dès lors une distraction tellement coûteuse que
beaucoup n'y vont pas. « La mesure est comble,
« dit M. Larroumet ; le spectateur, indigène ou
« visiteur, paye déjà tant qu'il commence à ne
« plus vouloir payer. Il s'éloigne du théâtre où il
« n'en a pas toujours pour son argent, et où, lit-
« térature à part, il ne trouve pas assez souci de
« lui plaire. Il se lasse des places incommodes,
« des longs entr'actes, des couloirs étroits, des
« ouvreuses, etc. Il va passer la soirée dans les
« cafés-chantants, les music-halls et les cabarets
« plus ou moins artistiques ou littéraires » (1).

C'est donc bien dans les conditions mêmes de
l'industrie théâtrale qu'il faut chercher la cause
des faillites, qui d'ailleurs n'y sont pas plus nombreuses que dans d'autres commerces. Pourquoi
accuser le droit des pauvres qui n'y est pour rien?
Le directeur est libre de fixer le prix de ses places
comme il l'entend ; il sait qu'une partie de ce prix
appartient aux indigents : à lui donc de l'établir de
façon à couvrir ses frais et à réaliser des bénéfices.

(1) *Le Temps*, numéro du 19 février 1900.

M. Husson a étudié en 1869 quelques-unes de
ces faillites théâtrales; « Parmi ces faillites, dit-il,
« autour desquelles on a fait tant de bruit, en est-
« il plusieurs qui, considérées en elles-mêmes,
« puissent exciter beaucoup d'intérêt? Le bilan de
« presque tous ces directeurs en déconfiture est
« notoirement chargé de dettes qui accusent l'im-
« prévoyance administrative ou l'inhabileté litté-
« raire (1).» Il cite notamment la faillite du théâtre
de la Porte-Saint-Martin, où le passif social est de
623.724 francs et le passif personnel du directeur
de 198.000 francs. Or, ce théâtre avait fait l'année
même 465.230 francs de plus que l'année précédente. Et il montre d'autre part que le théâtre du
Palais-Royal a donné un dividende de 52 0/0 à ses
actionnaires, et 25.000 francs de traitement à deux
directeurs; dans un autre genre, les Cirques réunis distribuent 11 ou 12 0/0 à leur capital ; le
Gymnase et les Variétés sont prospères. Ces
exemples qu'on pourrait multiplier datent de 1869
mais il serait facile de les renouveler de nos jours.
Pour tous les théâtres, l'impôt fonctionne de la
même manière et les grève d'une charge égale;
les uns sont florissants, les autres sombrent; n'est-
il pas d'argument plus fort pour démontrer
que c'est à d'autres causes qu'il faut remonter

____

(1) Husson. *Note sur le droit des pauvres*, 1870.

pour expliquer la prospérité ou la faillite d'une
entreprise théâtrale ? « Que les directeurs, dit
« M. Worms, joue de bonnes pièces avec une
« troupe d'ensemble et avec des frais raisonnables,
« leur entreprise sera fructueuse ; ils pourront ga-
« gner de l'argent et ne s'en prendront plus au
« droit des pauvres » (1).

Il n'est pas plus logique de montrer d'une part
le passif des faillites et d'autre part le produit du
droit des pauvres et de dire : Sans cette taxe les
faillites n'auraient pas eu lieu. Placez en effet en
regard du passif d'un failli quelconque, le total
des droits fiscaux qu'il a acquittés pendant la durée de son commerce, et vous reconnaîtrez le plus
souvent qu'il serait encore à la tête de ses affaires
s'il avait pu encaisser le montant de ces droits et
en augmenter son actif. Que faut-il en conclure si
ce n'est qu'en vertu d'une loi commune et nécessaire, l'impôt pèse sur la généralité des transac-
tions, sur tous les mouvements et transformations
de la fortune privée.

Il faut donc arriver à cette conclusion que jamais le droit des pauvres n'a empêché un théâtre
de prospérer, pas plus qu'il ne l'a acculé à la faillite. Et alors on voit ce que vaut le reproche si

____

(1) F. Worms. *Rapport au Conseil de surveillance de l'Assistance publique*, Paris, 1898.

grave de réduire le petit personnel des théâtres à
la misère. Ces ouvriers et ces employés ne sont
pas plus exposés que dans tout autre commerce à
perdre leurs salaires en cas de faillite. De plus, le
produit de l'impôt qui ne se trouve qu'à titre de
dépôt dans la caisse du directeur ne lui a jamais
appartenu pas plus qu'à son personnel. Pourquoi
dire alors que l'impôt enlève à plus de huit mille
personnes, à Paris, des sommes à laquelle elles
ont droit?

Supposons d'ailleurs un instant que le droit des
pauvres soit supprimé, comme le demandent les
intéressés. Il ne faut pas croire qu'il en résulterait
un abaissement équivalent du prix des places ;
tous répondent à l'envi que c'est impossible en raison des charges écrasantes que supportent les théâtres ; le public payerait donc ses places aussi cher
et continuerait à remplir les cafés-concerts.

La situation des directeurs serait-elle changée
et améliorée? Nous ne le croyons pas ; une concurrence nouvelle et plus ardente s'établirait, allant
toujours grandissant jusqu'à ce qu'elle ait amené
cette industrie au point de ne plus donner à la
masse des entrepreneurs, que le profit moyen des
capitaux exposés par eux. Des prétentions nouvelles surgiraient, prétentions des auteurs, des
propriétaires de l'immeuble, des artistes ; le public

exigerait plus de luxe sur la scène, plus de confortable dans la salle.

L'effet de la suppression serait donc bien vite annihilé, les directeurs n'en profiteraient pas, et l'Assistance publique y perdrait quelques millions. Comme les dépenses d'assistance non seulement ne peuvent pas être diminuées, mais devraient encore être augmentées, ce serait la ville de Paris qui comblerait le déficit causé et la réforme se traduirait par une augmentation d'impôts aux dépens de tous les contribuables : tandis qu'actuellement, ce ne sont que ceux qui le veulent bien qui payent avec leur superflu la taxe en faveur des indigents.

Remarquons, enfin, que le droit des pauvres ne semble pas avoir beaucoup nui aux entreprises de spectacles, car les statistiques prouvent que, depuis le commencement du siècle, les recettes ont progressé à Paris d'une manière continue. Si, en effet, nous faisons abstraction des années exceptionnellement bonnes ou mauvaises, années d'expositions universelles, de révolutions ou de guerre, nous constatons qu'en 1847, les recettes sont de 5.553.441 francs, en 1860 de 14.432.944, en 1875 de 20.907.391, en 1890 de 23.013.359, et enfin en 1898 de 31.140.543.

Il n'y a donc aucune raison pour attribuer aux directeurs le produit d'un impôt qui ne les

atteint pas et qui, d'après la volonté formelle
du législateur, doit profiter exclusivement aux
pauvres.

III. — Le droit des pauvres est-il un impôt inique et exceptionnel ?

1) Au point de vue économique et financier, les
attaques contre le droit des pauvres n'ont pas été
moins vives.

Quelques-uns disent : « Les directeurs de théâtres ou de spectacles acquittent déjà, comme tous
les autres contribuables, l'impôt foncier, les
patentes etc., mais on leur réclame encore le
onzième ou le quart de leurs recettes. Pourquoi
cette exception ?

La réponse est simple ; l'impôt n'est pas établi
pour frapper les directeurs, mais bien les spectateurs ; c'est, nous l'avons déjà dit, une taxe de
consommation, et non un impôt frappant directement l'industrie théâtrale.

D'autres, admettant cette manière de voir ne
désarment pas pour cela. La matière imposée,
disent-ils, c'est bien le plaisir du spectacle ; pourquoi taxer ce plaisir-là en exonérant tous les
autres ? « Pourquoi, dit M. Leroy, frapper exclusi-
« vement une industrie que l'État a mission de

« protéger dans l'intérêt de la littérature et des
« arts : il n'est pas juste que la perception ne
« porte que sur une catégorie de contribuables,
« alors que les autres qui pourvoient aussi aux
« plaisirs et aux jouissances de leurs concitoyens
« sont demeurés à l'abri ». « Si l'État, dit M. Bureau,
« ouvre des guichets sur notre vie privée et prétend
« taxer nos plaisirs, en vertu de quel droit le fait-
« il ? Quelle est donc notre liberté si nous ne pou-
« vons aller où bon nous semble, sans que l'État se
« faisant soudain inquisiteur nous arrête et nous
« dise : Ceci est un plaisir, il faut d'avance le légi-
« timer par l'aumône. Il serait ridicule, lorsqu'il me
« plait de jouer sur le billard d'un café, d'exiger
« de moi quelques décimes en faveur des hôpi-
« taux... L'entrepreneur de spectacle ne comprend
« pas pourquoi on impose sa clientèle, tandis
« qu'on n'inquiète pas celle des grands restaurants
« ou des loueurs de voitures » (1).

Donc, pour le spectateur, c'est un impôt inique
et antilibéral, une véritable taxe somptuaire, legs
de l'ancien régime et de ses idées religieuses et
monarchiques. Il prétend moraliser le plaisir ; or
là n'est pas le rôle de l'impôt qui ne doit être ni
moralisateur ni stimulant, mais exclusivement le
pourvoyeur du trésor. D'ailleurs, dit-on, l'affecta-

---

(1) G. Bureau. *Législation des théâtres.*

tion particulière du produit du droit, contraire à
toutes nos règles financières, prouve à quel point
cette taxe est exceptionnelle et hors du droit commun.

2) Pour répondre à ces nombreuses objections,
il suffit d'exposer quel est le véritable caractère du
droit des pauvres et de le comparer à d'autres
impôts de consommation que personne ne songe à
attaquer.

Le droit des pauvres n'est pas un impôt somptuaire. « Depuis longtemps, dit M. Da Costa
« Athias, on est revenu de ces velléités fiévreuses de
« nivellement général qui diminuent la fortune
« publique par la compression du travail. Parler
« aujourd'hui d'un impôt sur le luxe, c'est une hé-
« résie économique » (1). Est-ce à dire cependant
qu'il faille s'abstenir devant ses manifestations.
En aucune façon, puisqu'elles révèlent le revenu et
que c'est lui que l'impôt doit atteindre. Or, aller
au théâtre, au concert, n'est pas, quoi qu'on en
dise, une nécessité. En payant ce plaisir, le spectateur montre qu'il a un revenu supérieur à ses
besoins immédiats : est-il si inique de lui demander une légère aumône en faveur des pauvres ?

Quelles sont les qualités que doit avoir l'impôt

____

(1) Da Costa Athias. *Le droit des pauvres*. (Revue critique de
législation et de jurisprudence, t. 37).

de consommation. « En premier lieu, dit Graslin,
« la taxe ne doit pas être établie sur les objets de
« première nécessité ; en second lieu elle doit tou-
« jours être plus forte sur les autres objets en raison
« de ce qu'ils s'éloignent davantage de la première
« nécessité. Le plus grand vice serait que l'homme
« qui, à quelque titre que ce soit, ne peut se procurer
« sa vie strictement, se trouvât chargé de quelque
« impôt, etc. » Le droit des pauvres ne porte nullement sur un objet nécessaire à la vie et le contribuable, par simple abstention, peut y échapper.

En est-il de même du plus grand nombre des
taxes de consommation qui existent en France ?
Comment se soustraire aux droits sur le sucre, le
sel, le vin, les combustibles, sans parler des taxes
d'octroi ? Les débitants seraient-ils fondés à demander que ces impôts ne fussent plus payés
ou qu'ils ne le fussent que sur leurs bénéfices, et à exiger toujours cependant, à leur profit
personnel, des consommateurs une somme égale
à l'impôt supprimé ? Et les directeurs de théâtres
sont encore favorisés puisqu'ils n'ont pas comme
ces commerçants à faire l'avance des taxes, sans
savoir s'ils écouleront leurs marchandises.

Ces lourdes charges cependant, ne sont pas en
butte à d'aussi fréquentes attaques que le droit des
pauvres. Qui songe par exemple à protester contre
l'impôt du dixième sur le prix des places dans les

voitures publiques et les chemins de fer ? De même
que les directeurs, ce sont les Compagnies qui le
perçoivent pour le compte de l'Etat. Les cahiers
des charges autorisent celles-ci à recevoir par
exemple des droits de péage qui sont de 10 centimes par voyageur et par kilomètre ; mais comme
il y a un dixième en sus pour l'Etat, les Compagnies perçoivent 11 centimes. Ce centime n'est pas
payé par elles, mais par le voyageur en augmentation du prix de sa place, comme le spectateur
paye un décime par franc en sus du montant de
son billet d'entrée.

De plus, le droit des pauvres a encore cet avantage de s'adapter rigoureusement au revenu du
spectateur; il est, nous l'avons vu, strictement
proportionnel ; « les travailleurs qui prennent des
« places à très bas prix ne payent qu'un supplé-
« ment très minime, pendant que pour les riches, le
« tarif est en quelque sorte progressif. Est-il con-
« traire aux principes de 1789 ? nous ne voyons rien
« dans les immortels principes qui s'oppose à ce
« que le trop plein de la fortune fasse retour, dans
« une mesure aussi restreinte, à ceux qui n'ont pas
« le nécessaire » (1).

Si cet impôt est aussi légitime et moins lourd
que beaucoup d'autres, peut-on dire que son affec-

____

(1) *Progrès de Lyon*, n° du 13 mars 1869.

tation spéciale en fait une exception dans nos lois ?
D'autres taxes ont ce caractère, nous l'avons dit et
ne voulons pas y revenir. Pour le droit des pauvres, il se trouve qu'on ne peut qu'approuver son
attribution et que c'est, somme toute, sa meilleure
justification. « Pour bien fixer les revenus, dit
« Montesquieu, il faut avoir égard et aux nécessités
« de l'Etat et aux nécessités des citoyens ; il ne faut
« point prendre au peuple sur ses besoins réels pour
« des besoins de l'Etat imaginaires » (1). Or y
a-t-il devoir plus sacré pour un Etat moderne —
et c'est une idée qui n'est pas plus monarchique
que religieuse — que de soulager les pauvres, les
malades, en un mot les déshérités de la fortune.
C'est à ce but que concourt le droit des pauvres,
sans que jamais les spectateurs ne se soient plaints.
Voltaire, Beaumarchais et à leur suite de nombreux auteurs ont glorifié la haute idée morale
sur laquelle repose le droit des pauvres : faire
contribuer les plaisirs des riches au soulagement des malheureux.

Si nous ajoutons que le plaisir au théâtre n'est
pas offert uniquement par les directeurs, mais
qu'il y a un autre créancier pour le spectateur,
nous trouvons une raison de plus en faveur de la
taxe. L'État, la commune, garantissent en effet au

____

(1) Montesquieu. *Esprit des lois*, liv. XIII, ch. I.

public l'usage honnête du théâtre par la police générale de l'art, par la surveillance de la salle et des abords de la salle, par cet ensemble de précautions matérielles et intellectuelles qui rentrent dans son rôle de tuteur. En raison de ces avantages, n'est-ce pas légitime de demander aux spectateurs quelques centimes pour les pauvres qui sont à la charge de ces personnes publiques?

Mais pourquoi, a-t-on dit, n'imposer que le plaisir du spectacle, quand on laisse indemnes un grand nombre de plaisirs publics et payants? Il nous semble bien que les principales manifestations du luxe sont déjà frappées par des taxes; rappelons par exemple qu'il existe des impôts sur les cercles, les voitures, les chevaux, les automobiles, les billards, les chasses gardées, etc. Sans doute, il y a des exceptions, mais elles s'expliquent le plus souvent par les difficultés pratiques qu'on n'a pu surmonter; comment en effet imposer les restaurants de luxe ou les loueurs de voitures, comme le voudrait M. Bureau? Et d'ailleurs, de ces exceptions, on pourrait peut-être tirer argument pour créer de nouveaux impôts, mais non pas pour supprimer ceux déjà existants, qui, comme le droit des pauvres, fonctionnent avec facilité, et ne sont attaqués que par un très petit nombre d'adversaires.

IV. — Le droit des pauvres est-il inconciliable avec la liberté industrielle des théâtres?

1) On sait que le décret de 1864, supprimant le régime des privilèges, accorda aux théâtres une complète liberté d'exploitation. Les directeurs (1) virent dans ce fait un nouvel argument à opposer au droit des pauvres ; ils déclarèrent que la taxe étant corrélative du privilège, il était absolument illogique de laisser subsister ensemble deux ins titutions qui s'expliquaient l'une par l'autre. Emile Augier dit à cette époque : « Tout a été dit et inu-
« tilement sur la question du droit des pauvres.
« Cet impôt illégal ne peut se défendre qu'au
« point de vue de la charité depuis qu'il n'est plus
« la condition d'aucun privilège et qu'il frappe
« une industrie libre. » En 1870, le rapporteur de la commission dont on a déjà parlé précédemment. en 1877 le rapporteur à la Chambre des Députés M. Brice, en 1896 M. Leroy sont de cet avis.

Pour prouver cette assertion, on invoque d'abord l'ordonnance de 1699 qui parle des « établisse-ments existants par permission du roi », c'est donc que les autres échappaient à l'impôt. De plus

(1) H. Hostein. direct. du Châtelet. *La liberté des théâtres*, 1867, et Edouard Fournier. *Le théâtre et les pauvres.* 1869.

le décret de 1809 qui a rendu la taxe définitive
avait été précédé, le 29 juillet et le 25 avril 1807,
de deux décrets réorganisant le régime des privilèges et réduisant le nombre des théâtres parisiens
de 36 à 8. Ces décrets sont donc liés ensemble et
ce n'est qu'en raison de la faveur accordée aux
théâtres subsistants qu'on a maintenu le droit des
pauvres. Quand le décret de 1864 est venu ren-
verser la situation, l'impôt eut dû disparaître.

En bonne logique, d'ailleurs, il est admissible
qu'un privilège ne soit accordé que sous certaines
conditions, et sous une législation semblable, la
concurrence est limitée. Le régime du monopole
garantit les théâtres contre les effets de la liberté ;
il leur assure des spectateurs ; l'État a donc droit
à une rémunération en échange de cette garantie ;
la garantie cessant, cette rémunération doit
cesser aussi.

2) Cet argument nous paraît assez étrange : les
directeurs nous présentent le régime du privilège
comme plus avantageux pour eux ; pourquoi alors
l'ont-ils tant combattu et ont-ils réclamé avec tant
d'insistance un régime de libre concurrence. Tous
admettent que le décret de 1864 en établissant la
liberté absolue de l'industrie théâtrale a ouvert
aux entreprises dramatiques une voie plus large,
partant plus profitable. Il n'y a qu'à comparer le

système actuel au régime inauguré par le décret
du 29 juillet 1807, pour s'en convaincre. Chaque
théâtre ne pouvait jouer qu'un répertoire très restreint, et était soumis à une surveillance rigoureuse. Sans doute la concurrence rend le succès
plus difficile, mais le directeur n'est plus gêné
par l'État dans sa poursuite.

Est-ce plus juste de prétendre lier le droit des
pauvres au privilège ? Nullement. Sous l'ancien
régime, la taxe frappait les théâtres des foires
Saint-Germain et Saint-Laurent qui fonctionnaient
« sans la permission du roi ». Quant au décret de
1809, rien ne permet d'en trouver la cause dans
les décrets de 1807. D'ailleurs, quand ont été
promulguées les lois de l'an V, c'était le système
de la liberté qui était appliqué aux théâtres ; il
n'est pas de meilleur argument pour montrer que
le droit des pauvres est basé sur une pensée charitable, pensée absolument indépendante du régime des spectacles. Ce régime a changé et pourra
peut-être encore être modifié, sans que la taxe en
soit atteinte.

V. — Le droit des pauvres diminue-t-il le nombre des spectateurs ?

1) Si on admet que c'est bien le spectateur qui

acquitte le droit des pauvres, il se produit inévitablement ce fait que le prix de la place est augmenté de tout le montant de l'impôt, c'est-à-dire 10 centimes par franc ou le quart du prix suivant les cas. Les entrées étant plus coûteuses par la faute du droit, le nombre de ceux qui peuvent aller au spectacle diminuera et les théâtres en souffriront. Ce sera, suivant le mot de M. Mathieu en 1869, « la raréfaction du plaisir ». Et comme les directeurs, écrasés par des frais toujours plus grands, sont dans l'impossibilité absolue de diminuer le prix de leurs places, et que leur tarif devrait au contraire être augmenté pour leur permettre de subsister, on voit quel est le préjudice causé par l'impôt.

2) Ces critiques nous semblent avoir une grande part de vérité. Basées sur cette idée juste que le droit des pauvres est un impôt de consommation. c'est avec raison qu'elles l'accusent d'élever le prix de la matière imposée : c'est là d'ailleurs le résultat pratique de ces sortes d'impôts. La question est de savoir s'ils élèvent le prix de manière à rendre impossible pour le contribuable l'usage fréquent d'un objet quelconque.

En est-il ainsi pour les théâtres à la porte desquels on réclamera au spectateur un décime par franc ?

Pour une seule personne, l'augmentation sera
sans doute peu élevée, et ne l'empêchera proba-
blement pas d'aller au spectacle ; mais supposez
une famille de 4 ou 5 personnes, prenant des
places de 3 francs, places très modestes dans nos
théâtres modernes : le total de la somme à dépenser sera déjà fortement majoré par l'effet du droit
des pauvres, et suffira peut-être à éloigner ces
personnes du théâtre. Cet impôt — et quelques-
uns de ses défenseurs en conviennent — est donc
trop lourd ; et à ce point de vue, il semble juste
de dire que les entreprises de spectacles sont trop
fortement frappées.

Quant à la taxation du quart, il n'est personne
qui ne soit d'avis qu'elle soit exagérée. Le prix des
entrées est élevé de telle façon que, si ce taux était
appliqué en pratique, il rendrait impossible l'exploitation des entreprises qui y sont assujetties.
C'est ce qui explique qu'à Paris, dans son propre
intérêt, l'Assistance publique a dû renoncer à
exécuter la loi dans sa rigueur ; elle autorise le
payement du onzième pour des spectacles qui devraient subir le prélèvement du quart, et pour
d'autres, elle fixe une série de taux absolument
illégaux ; c'est avouer que, à ce point de vue, les
lois de l'an V sont de nos jours inapplicables et
doivent être modifiées : il ne semble pas très ré-
gulier de laisser fixer le taux d'un impôt suivant

la volonté d'une administration qui ne sera peut-
être pas toujours impartiale.

La loi de thermidor an V a voulu accorder aux
théâtres un traitement de faveur ; il n'en est rien
actuellement puisque tous les spectacles payent le
onzième et quelques-uns payent moins. A notre
avis, il faudrait un taux uniforme moins élevé
que les taux actuels, car, que le plaisir soit d'un
ordre plus ou moins élevé, l'idée charitable sur
laquelle est basée le droit des pauvres est toujours
la même. Ainsi modifié, cet impôt dont le principe est légitime et le fonctionnement très ingénieux et très pratique, ne serait plus attaqué que
par ses adversaires systématiques, les directeurs
de théâtres ; il serait alors plus facilement défendable et les pauvres ne risqueraient plus d'être
totalement dépouillés des ressources qu'il leur
procure.

TITRE II

EXAMEN DES PROJETS DE RÉFORME

Avant d'examiner ces projets, qui furent présentés aux Chambres en très grand nombre depuis cent ans, on doit remarquer qu'il n'en est pas un qui réclame l'abrogation complète du droit des pauvres. Les attaques des directeurs de théâtres et des publicistes sont sur ce point restées sans écho. Presque tous les adversaires de cet impôt reconnaissent en général qu'il est légitime de demander au public une légère aumône au profit des indigents. A la Chambre des Députés, le 27 janvier 1879, M. Mitchell dit : « Messieurs, « s'il est un impôt juste et moral, c'est celui-là. » M. Antonin Proust reconnaît « que son but est « tellement louable qu'on ne peut que l'approu- « ver » (1).

(1) *Journal Officiel*, 28 janvier 1889, p. 622 et 627.

De même en 1896, M. Berry déclare « qu'il ne
« veut pas priver les malheureux et les malades
« d'une parcelle quelconque de ce qui leur échoit
« à cette heure (1) ».

Mais, si l'accord se fait assez facilement sur le
principe, il n'en est plus de même pour le mode
de perception. Les projets de réforme sont una-
nimes à déclarer qu'il doit être modifié et que c'est
grâce à lui qu'un impôt parfaitement défendable
a de si mauvais effets. Les uns montrent que la
perception sur la recette brute, sans déduction des
frais journaliers, est injuste et qu'une taxe ne doit
frapper que les revenus, c'est-à-dire les bénéfices.
D'autres réclament la substitution du système des
timbres de théâtres à la perception par les directeurs; d'autres encore se contenteraient d'un
simple abaissement de taux. Enfin tous en général
proposent d'assujettir à la taxe les billets de faveur
gratuits.

Tels sont les points auxquels peuvent se ramener
les modifications réclamées au pouvoir législatif.
L'impôt, nous l'avons vu, n'a subi aucune retouche
durable depuis que les lois de l'an V l'ont réorga-
nisé. En sera-t-il autrement de nos jours, et doit-il
en être autrement ? Les Chambres doivent-elles
voter les propositions qui leur sont soumises soit

____

(1) *Journal Officiel*. Chambre. Annexes 1896, n° 1419.

par M. Berry, soit par la commission de la répression de la mendicité ?

I. — Proposition de M. G. Berry. Système de la perception sur la recette nette.

1) D'après les lois de l'An V, le système actuellement en vigueur consiste en un prélèvement
direct sur la recette bruteencaissée à chaque représentation, sans que le directeur soit admis à déduire aucune somme pour cause de frais. Ce mode
de perception, d'après M. Berry, est inique ; les
sommes qui sont payées au guichet d'entrée sont
destinées, les unes à la caisse du directeur, les
autres sont la propriété des employés et commerçants attachés au théâtre, et en imposant ces
sommes dues, c'est le directeur qui est obligé de
payer cette taxe sur les recettes qu'il n'a pas faites,
par conséquent sur un argent qu'il n'a pas eu.

Comment faire disparaître ces graves inconvénients : Le moyen, dit-on, est très simple ; il
suffira de permettre aux directeurs de prélever
chaque soir leurs frais de représentations et de ne
calculer le droit des pauvres que sur le restant, qui
contient seul la rémunération de l'exploitant.

Ce système a été souvent proposé et a même été
partiellement en vigueur sous l'ancien régime. De

1721 à 1727 des ordonnances permettent à quelques
théâtres le prélèvement d'une somme pour frais
quotidiens quant à la perception du neuvième dû
à l'Hôtel-Dieu. En 1848, Ledru-Rollin essaye de
l'appliquer ; en 1851, M. Sautayra dépose en ce
sens une proposition de loi que M. Dupin fait rejeter. De 1866 à 1870, les adversaires du droit arri-
vent également à cette conclusion, mais la commission spéciale de 1869 refuse d'entrer dans cette
voie. Citons encore en 1874, une proposition de
M. D'Osmoy et de M. Raoul Duval, en 1878, celle
de MM. Dugué de la Fauconnerie, Méline, Rou-
vier, etc. Enfin en 1896, M. G. Berry renouvelle
la même proposition. Renvoyée à la Commission
de la répression de la mendicité, elle fait l'objet
d'un rapport, qui tout en approuvant les motifs qui
l'ont inspirée, demande à la Chambre de la repousser.

Quant à ses motifs, nous les avons déjà appré-
ciés précédemment ; nous savons que le droit des
pauvres n'est qu'une taxe de consommation, que
les directeurs n'en sont que les percepteurs, et que
ni les directeurs ni leurs employés n'ont de droit
sur la partie de la recette représentant le montant
du droit.

Nous n'y reviendrons donc pas, mais il faut
cependant examiner la réforme en elle-même, car

elle aurait pu être proposée même sans les arguments émis par M. Berry.

2) Comment fonctionnerait le mode de perception sur la recette nette ? La proposition de loi de M. Dugué de la Fauconnerie (mars 1879) (1), dont celle de M. Berry est la répétition, est ainsi conçue :

Art. 1. « Le droit des hospices sur les théâtres « proprement dits sera perçu sur la recette brute « provenant du prix des billets, déduction faite « d'une somme qui sera fixée en raison des frais, « et sur laquelle le droit ne sera pas prélevé. »

Art. 2. « Cette somme comprendra le loyer et « les charges de bail, impôts, assurances, frais de « garde, police, sapeurs - pompiers, affichage, « troupe ordinaire, et enfin une somme qui sera « arbitrée pour les frais généraux et dépenses de « matériel suivant la moyenne de mise en scène « pendant les dix dernières années. »

D'après les articles suivants un état détaillé de ces frais sera examiné par une commission qui classera les théâtres en cinq catégories, et un droit de 12 0/0 sera perçu suivant la catégorie, sur la partie de la recette excédant 500 francs pour la première, 1.000 francs pour la seconde, et ainsi

____

(1) *Journal Officiel*, 4 mars 1878, Ann. 462, p. 2780.

de suite. Le droit serait de 15 0/0 sur les cafés-concerts et de 10 0/0 sur les billets de faveur.

Le projet Berry est un peu plus simple. Le taux serait de 20 0/0 sur les bénéfices nets, sans aucune exception ; suppression de tous les abonnements « qui frustrent chaque année l'Assistance publique « de plusieurs centaines de mille francs » ; s'il y a un déficit en comparaison du produit actuel, augmentation du prélèvement sur le pari mutuel et vote d'un impôt sur les cercles. Pour établir les frais journaliers de chaque établissement, une commission, après avoir entendu et le directeur du théâtre et un délégué de l'Assistance publique, fixera au commencement de chaque année un chiffre invariable de frais quotidiens qui ne pourra être modifié, quelles que soient les dépenses de l'impresario ; cette commission sera composée du directeur de l'Assistance publique, du directeur du Théâtre-Français, de deux délégués du préfet de la Seine et de deux délégués des théâtres de Paris.

« Cette réforme, conclut la proposition, permet-« tra aux directeurs de soutenir en face de nos « voisins la grandeur de l'art français et assurera « à plus de cent mille travailleurs ou commer-« çants le salaire qu'ils ont péniblement gagné. »

3) Ces avantages nous semblent très probléma-

tiques, surtout si l'on compare le système proposé
au mode de perception actuel.

Au point de vue théorique il encourt un grave
reproche : il transforme complètement la nature et
l'assiette du droit des pauvres. D'impôt de consommation celui-ci deviendrait un impôt sur les
bénéfices des entreprises théâtrales, au même
titre que l'impôt foncier ou la patente ; le contribuable, ce ne serait plus le spectateur mais le
directeur. Et alors, par cette simple réforme du
mode de perception, cet impôt juste et légitime serait une exception dans nos lois, car il frapperait plus durement que les autres toute une
catégorie de citoyens dont l'industrie a été proclamée libre. Ce serait donner raison aux objections,
qui, avec le sytème actuel, peuvent être négligées.
De là à supprimer complètement la taxe, il n'y a
qu'un pas, et il est à penser qu'il serait vite fran-
chi.

Au point de vue du fonctionnement pratique, on
voit difficilement comment la commission chargée
d'évaluer les frais remplirait sa mission Sur
quelles bases certaines se fonder pour fixer les
dépenses d'une exploitation théâtrale sujettes à
tant de fluctuations et d'aléas ; telle pièce pour être
montée nécessitera des sommes énormes ; telle
autre, une reprise par exemple, coûtera très peu ;
pour la même pièce, les frais peuvent être diffé-

rents si tel ou tel artiste joue ou ne joue pas. En admettant d'ailleurs que cette évaluation fût possible, que de discussions et de réclamations, justes et parfaitement fondées. Il y a, en effet, quelque chose d'odieux à ce qu'un tiers s'ingère dans l'exercice d'un commerce. La commission devrait discuter les frais généraux, débattre la sincérité des engagements et des traités, car la fraude serait facile.

Si l'entreprise périclitait, le directeur aurait-il tort d'accuser le droit des pauvres d'être la cause de sa ruine? Le chiffre des frais ne pourrait-être modifié pendant une année entière, et on en arriverait à condamner pendant ce temps à l'immobilité toute l'activité des directeurs et à paralyser tout esprit d'initiative.

Y aurait-il diminution des frais de perception? En aucune façon, puisque, les abonnements étant supprimés, les contrôleurs devraient être plus nombreux, et ils devraient constater, de même que maintenant, le chiffre de la recette.

Enfin, de l'aveu de tous, même de l'auteur du projet, le résultat le plus tangible de ce système de perception serait de réduire à 500 000 francs le produit du droit des pauvres qui est actuellement de plus de 3 millions par an. Les dépenses d'assistance augmentant de plus en plus à Paris et ne pouvant en rien être réduites, ce ne serait sans

doute pas les indigents qui souffriraient de ce déficit. L'entretien des pauvres est en effet une charge
municipale : la ville devrait porter sa subvention à
près de 33 millions ; les impôts existants, octroi par
exemple, devraient être augmentés, et en dernière
analyse, ce seraient les contribuables qui payeraient
le montant du moins-perçu en faveur des directeurs de théâtres.

En effet, les ressources proposées par M. Berry
sont fort problématiques. Il y a déjà sur le pari
mutuel un prélèvement de 7 0/0, et pour arriver
au produit actuel du droit des pauvres, on a cal-
culé qu'il faudrait peut-être le décupler. Est-ce
possible ? Quant à l'impôt sur les cercles, dit le
rapporteur de la Commission de la Chambre, c'est
une « indication, mais ce n'est qu'une indication.
« Quelle serait la quotité de cet impôt, quelle
« serait sa nature ? Il y a là une incertitude que
« ne peut comporter une loi destinée à assurer la
« contribution qui doit être la moins variable et
« la plus assurée de toutes, puisqu'elle a pour but
« le soulagement de la misère ».

Les cercles d'ailleurs acquittent déjà un impôt
de 20 0/0 sur les cotisations ; le seul résultat d'une
nouvelle taxe serait de remplacer les réclamations
des directeurs de théâtres par celles des gérants
de cercles.

En définitive, nous pouvons conclure que le sys-

tème de la perception sur la recette nette, outre le
caractère exceptionnel qui en résulterait pour le
droit des pauvres, rendrait de plus son fonctionnement très difficile et son rendement dérisoire.

**II. — Proposition de la commission de la Chambre des
Députés. — Système des timbres.**

1) C'est à la commission de la répression de la
mendicité que fut renvoyée la proposition déposée
par M. Berry. On s'est demandé quel rapport
pouvait exister entre le droit des pauvres et l'exploitation de la charité publique. M. Leroy
répond ainsi à cette question : « C'est que mieux
« que toute autre, cette commission par les re-
« cherches auxquelles elle s'est livrée, par les
« études qu'elle poursuit, et par le but qu'elle se
« propose, était à même d'apprécier dans ses résul-
« tats les modifications que notre honorable collègue
« veut apporter au système actuellement en vi-
« gueur. C'est aussi que, pour avoir le droit de ré-
« primer, la société a d'abord le devoir de préve-
« nir et que pour prévenir il faut se procurer, ou
« tout au moins ne pas diminuer les ressources
« nécessaires pour venir en aide aux malheureux.»
Quoi qu'il en soit, et bien que la question n'ait
pas une importance considérable, la commission

a été amenée par les raisons mêmes qu'elle invoque
à traiter la question du droit des pauvres, non en
elle même et dans toute son étendue, mais surtout
au point de vue des résultats que pourrait avoir
telle ou telle réforme. Son but a été de ne pas diminuer le produit de la taxe, de l'augmenter si
possible, tout en modifiant complètement son mode
de perception.

La commission n'a pas cru devoir accepter le
système de la perception sur la recette nette : c'est
très peu d'ailleurs pour des raisons de principe :
le rapporteur semble d'accord avec M. Berry sur
toutes les critiques qu'il fait du droit, tel qu'il
existe aujourd'hui ; mais il se voit contraint de
repousser ce système un peu à cause des difficultés pratiques qu'il susciterait et beaucoup
parce qu'il occasionnerait un déficit certain dans
les caisses de l'Assistance publique.

2) Il faut pourtant réformer le mode de recouvrement : la commission propose alors un moyen
tout nouveau de résoudre la question par l'adoption
du système des timbres de théâtres, qui, paraît-il,
fonctionne en Russie à la satisfaction de tous.

Sa mise en vigueur date d'un avis du Conseil
de l'Empire du 5 mai 1892 approuvé par l'Empereur :

I. — *Règles générales.* — § 1. — « Tous les
« spectacles et divertissements publics payants
« sont frappés d'un impôt aux profit des insti-
« tutions de l'œuvre de l'Impératrice Marie » (1).

§ 2. — « Sont considérés comme spectacles et
« divertissements publics : toutes les représenta-
« tions, concerts, bals masqués dans les théâtres
« impériaux et privés, dans les cirques, cercles,
« jardins, en général dans tous les endroits
« publics ; les expositions (sauf les expositions
« agricoles ou ayant un but scientifique), les
« bazars avec musique, les musées privés, courses,
« régates, ménageries, tirs, chevaux de bois. »

§ 3. — « L'impôt mentionné plus haut se prélève
« sur le prix du billet d'entrée en sus du prix de
« ce billet. »

§ 4. — « Ne sont pas frappés de l'impôt les
« personnes préposées au service d'ordre pendant
« les spectacles ainsi que celles qui font partie de
« l'administration, et en outre les billets délivrés
« pour toute une saison dans les stations bal-
« néaires. »

§ 5. — « Cet impôt est prélevé dans les proportions suivantes :

(1) A la mort de l'Impératrice Marie, épouse de Paul Ier, en
1828, les œuvres qu'elle avait fondées devinrent une section particulière de la Chancellerie impériale.

« 2 kopecks sur les billets de moins de 50 ko-
« pecks.

« 5 kopecks sur les billets de 50 kopecks à
« 1 rouble.

« 10 kopecks sur les billets d'un rouble et au
« delà (1). »

Quant aux billets d'abonnement et de loges qui
donnent le droit d'entrée à plusieurs personnes à
la fois et sont valables pour plusieurs représentations, l'impôt se prélève dans les proportions établies plus haut, étant réparti sur chacune des
places et sur chaque représentation à part.

§ 6. — « Les entrepreneurs des différents spec-
« tacles sont tenus d'avoir des registres à souche
« pour les billets ; le prix de chaque billet et l'im-
« pôt prélevé doivent être marqués sur le billet
« délivré au public et sur la souche. »

§ 7. — « Afin de faciliter la perception de l'im-
« pôt, des timbres spéciaux sont collés aux billets
« sur lesquels il doit être mentionné que les bil-
« lets sans timbre ne sont pas valables. »

Il y a cinq espèces de timbres de 2, 5, 10, 25 et
30 kopecks.

§ 8. — « Lorsque les places sont toutes du
« même prix, l'impôt peut être prélevé au moyen

____

(1) Soit en monnaie française, 8 centimes au dessous de 2 francs,
20 centimes de 2 à 4 francs et 40 centimes au dessus de 4 francs.

« d'une somme versée par l'administration du
« spectacle et fixée par la chancellerie, le montant
« de la somme étant proportionnel au nombre
« des spectateurs. »

§ 9. — « Les propriétaires de montagnes russes,
« balançoires, chevaux de bois, tirs, qui ont leurs
« baraques en dehors des capitales, peuvent
« payer une redevance de 3 roubles pour les chefs-
« lieux, 2 roubles pour les districts et 1 rouble
« pour les autres localités. »

§ 10. — « Dans les théâtres impériaux, l'impôt
« est prélevé par la direction des théâtres, une
« estampille spéciale est apposée aux billets
« comme preuve du payement. »

II. — *Mode d'emploi et d'amortissement des*
timbres. — § 11. — « Les timbres sont collés aux
« billets par les soins de l'administration des
« spectacles avant d'être livrés au public, de telle
« façon qu'une partie du timbre se trouve sur le
« billet et l'autre sur la souche. »

§ 12. — « L'amortissement des timbres se fait
« par la déchirure du billet. »

§ 13. — « En percevant l'impôt selon le moyen
« indiqué par le § 9, les timbres sont collés sur
« les autorisations données par la police et obli-
« térés par les personnes qui les délivrent. »

III. — *Surveillance.* — § 14. – « Le service de
« surveillance au collage des timbres et à leur
« amortissement, ainsi que les poursuites judi-
« ciaires dépendent de la police. »

§ 15. — « On ne peut obtenir d'autorisations
« pour les spectacles indiqués au § 8 qu'à la con-
« dition de présenter un certificat justifiant le
« payement de l'impôt. »

IV. — *Vente des timbres.* — § 16. — « Les
« timbres de l'œuvre de l'Impératrice Marie se
« vendent au prix fixé dans toutes les trésoreries
« de la province et des districts. »

§ 17. — « Il est interdit d'échanger les timbres
« achetés et détériorés contre de nouveaux ; il est
« interdit en outre de reprendre les timbres dé-
« livrés en restitution de l'argent versé, ou de les
« échanger contre les timbres d'une autre catégo-
« rie, à moins que le spectacle n'ait pas lieu par
« ordre supérieur ; dans ce dernier cas un certifi-
« cat est indispensable et tous les billets recou-
« verts de timbres, amortis ou non, doivent être
« présentés à la trésorerie qui restituera la somme
« versée. »

« Y a-t-il rien de plus simple, dit M. Sarcey (1),
« les timbres se vendent en Russie partout : dans

(1) *Le Temps*, 22 février 1896.

« les théâtres, chez les marchands de tabac, dans
« les cafés, etc. Il est clair qu'en France le pre-
« mier mois, le public pesterait contre la néces-
« sité de se procurer un timbre. Puis la chose
« passerait dans l'usage comme les timbres de
« quittance pour factures de commerce. Les ama-
« teurs de théâtres auraient de ces timbres dans
« leur porte-monnaie ; les autres en trouveraient
« sur leur route, le jour où ils en auraient besoin,
« dans n'importe quelle boutique. »

3) Ce système, dont le principe a été adopté par
la Commission, aurait d'après elle de grands
avantages en regard du système actuel ; le droit
des pauvres serait proportionné, ou à peu près,
au luxe de la place occupée et serait payé par le
spectateur lui-même ; il laisserait donc aux directeurs tout le bénéfice qu'ils retirent du prix de
leurs places et leur éviterait en tout cas bien des
défaillances et parfois la ruine. La part des pauvres
et la part du théâtre seraient dès lors nettement
déterminées, le personnel des théâtres serait certain que tout ce qui est versé à la caisse lui sera
distribué et que sur ces sommes personne ne
viendra rien réclamer, pas même sous le prétexte
respectable et légitime de prélever la dîme de la
misère. Enfin, la taxation ne pourra varier et ne

laissera aucune prise à l'indélicatesse des percepteurs.

En regard du système de la perception sur les bénéfices nets, le système russe aura une incontestable supériorité : pas de nouveaux impôts à créer, pas de commission à instituer, pas de personnel coûteux à entretenir.

D'après le rapporteur, il eut été plus logique de proposer l'adoption pure et simple du système pratiqué en Russie quant au mode de perception, en le tarifant toutefois au droit proportionnel de 5 centimes par franc ; mais même avec la taxation de 50 centimes par chaque billet de faveur, il y aurait un déficit de quelques 200.000 francs en regard du produit actuel ; la Commission de la répression de la mendicité a donc établi ainsi ses propositions :

1) Taxe de dix centimes pour chaque place, jusques et y compris les places de 3 francs ;

2) 20 centimes pour chaque place au-dessus de 3 francs, jusques et y compris les places de 6 francs ;

3) 30 centimes pour les places au-dessus de 6 francs ;

Taxe uniforme de 50 centimes sur toute place donnée, quelle qu'elle fût.

La taxe sera perçue au moyen de timbres spéciaux comme en Russie.

D'après les recettes actuelles des théâtres parisiens et le nombre présumé des billets de faveur,
le droit des pauvres ainsi réformé rapportera
3.543.750 francs dont 2.098.750 pour les billets
payants et 1.445.000 francs pour les gratuits.
Ce sera une plus value de 200.000 francs sur les
recettes actuelles et cet excédent pourra être employé à la fabrication des timbres.

Dès lors, plus de réclamations de la part des directeurs de théâtres, car le droit des pauvres ainsi
remanié ne présentera plus aucun des inconvénients, soit du régime actuel, soit des autres systèmes proposés.

4) « Que de décevantes illusions, conclut
« M. Worms, au nom du Conseil de surveillance
« de l'Assistance publique : M. Leroy, cette fois
« n'a-t-il pas compté ses arguments plus qu'il ne
« les a pesés ? »

On ne voit pas bien d'abord quel peut être l'intérêt d'une modification aussi importante qui aboutit, en somme, au même résultat que le procédé
de perception appliqué aujourd'hui.

Avec le prélèvement direct sur la recette brute,
le spectateur, en entrant au théâtre, acquitte l'impôt entre les mains du directeur ; celui-ci en re-
met le produit à l'Assistance publique, il n'en est
que le percepteur et le dépositaire provisoire.

Supposons maintenant en vigueur le système des timbres. Ce sera toujours le spectateur qui payera la taxe, non au bureau du théâtre, mais chez des commerçants quelconques qui vendront les timbres; le produit passera de là dans la caisse charitable. Bien plus, il arrivera presque forcément et M. Leroy lui-même en convient, que les timbres finiront par être apposés sur les billets par le directeur du théâtre et non par le public.

Et alors quelle est la différence essentielle entre ces deux modes de recouvrement? nous ne la voyons pas ; c'est somme toute le régime actuel avec des complications qui ne sont pas sans soulever de nombreuses objections, sans en retour présenter d'avantage bien réel.

Quel accueil ferait le public à une telle innovation. « Sans doute, en France, dit M. Leroy, on
« n'aime guère les formalités nouvelles, surtout
« quand elles sont coûteuses et qu'elles demandent
« quelque effort de la volonté, même la plus mi-
« nime. Sans doute, les premiers mois de sa mise
« en pratique, cette réforme rencontrerait ses dé-
« tracteurs, ses grincheux qui éprouveraient peut-
« être, et à coup sûr manifesteraient le plus bruyam-
« ment possible quelque mauvaise humeur, mais
« par l'usage tout serait vite oublié et l'attrait du
« plaisir resterait encore le grand vainqueur. »

Cela semble douteux ; le public n'en retirera

aucun avantage, puisque le prix des places, les directeurs l'avouent, ne sera pas abaissé proportionnellement aux timbres. Il faudra non seulement acheter les timbres ou en porter sur soi, mais encore les coller sur le coupon à l'entrée et les faire ensuite oblitérer pour éviter la fraude. Toutes ces complications seraient fort désagréables pour les spectateurs, et bientôt, nous l'avons déjà dit, les directeurs se verraient obligés, pour éviter ces inconvénients, ou à coller eux-mêmes les timbres sur les billets, ou à faire timbrer ceux-ci par l'administration comme il est d'usage pour les timbres de factures.

Ce serait en revenir, chose curieuse, à l'application des lois de l'an V, c'est-à-dire au payement de l'impôt en sus et en dehors du prix de la place, comme sous le Directoire avec le système des deux bureaux. Est-il besoin de timbres pour cela? Nullement, puisque dans certaines villes, à Lyon notamment, il n'y a plus qu'un bureau unique mais les places sont tarifées 1 f. 10, 3 f. 30, etc. A Paris, une assemblée générale des entrepreneurs de spectacles vient d'en proposer l'application. A quoi bon dans ces conditions un système nouveau compliqué et vexatoire pour le public ?

Quant au tarif proposé par la commission, 10 centimes, 20 et 30 centimes, son résultat immédiat est de dégrever les places d'un prix élevé et de peser lourdement sur les petites places. Le droit des pauvres, qui a été créé pour taxer les plaisirs des riches, serait surtout supporté par les plus modestes bourses.

En effet, les places chères payeront moins et les places bon marché payeront plus que dans le système actuel qui, lui, est strictement proportionnel. Il résulte d'un tableau dressé par M. Worms qu'un billet de 0 f. 50 cent. acquittera une taxe de 0 f. 10 cent. au lieu de 0 f. 04, soit 1/10 en plus, tandis que les places de 20 francs payeront 0 f. 30 cent. au lieu de 1 f. 82 soit 5/6 en moins ; le droit sera de 20 0/0 pour 50 centimes et 2 1/2 0/0, pour une place de 12 francs. L'Opéra payera quatre fois moins, la Comédie française deux fois moins, tandis que des établissements très modestes, tels que le Paris-Concert ou les Galeries Saint-Martin devront donner aux pauvres, l'un 53 francs au lieu de 18 et l'autre 49 francs au lieu de 17. Il est donc légitime de se demander si la réforme a un caractère bien démocratique.

Comment en outre appliquer le système des timbres dans ces innombrables concerts où le public n'acquitte le prix de la place qu'en payant sa consommation, et dans ceux où il paye directement son divertissement sans billet et sans contrôle ? Faudrait-il établir un service de surveillance qui changerait les habitudes du spectateur et l'éloignerait de ces lieux de plaisir?

La Commission, enfin, déclare qu'il n'y aurait plus de personnel « coûteux à entretenir ». Or, c'est précisément le contraire. Le procédé de contrôle actuel devra être modifié; le personnel, loin d'être diminué, devra être augmenté ainsi que ses émoluments; car l'agent de l'administration n'aura plus seulement à constater *de visu* le nombre des spectateurs entrant au théâtre, il devra en plus contrôler les timbres apposés sur les billets, ou même, soit oblitérer, soit déchirer le billet timbré.

En résumé, le système de la Commission de la Chambre des députés ne paraît ni équitable, ni pratique. S'il proclame avec raison la légimité du principe sur lequel repose le Droit des pauvres et la nécessité de son maintien, il l'assoit sur des bases inacceptables; ce n'est qu'une complication du régime actuel sans qu'il s'y trouve d'avantage bien marqué. L'échelle dressée n'a pas même la proportionnalité du système employé aujourd'hui. Sans doute il y aurait profit pour les grands théâtres, mais elle serait d'une application fort onéreuse pour les petits établissements; le public y trouverait une gêne intolérable et enfin il y aurait un déficit considérable au budget des pauvres. La réforme proposée est donc non seulement inutile

mais dangereuse, en ce qu'elle désorganiserait
complètement un impôt fructueux grâce à la simplicité et à la facilité de son fonctionnement.

III. — Taxation des billets de faveur.

Pour combler le déficit certain causé à la caisse
des pauvres par l'application du système des timbres, la Commission de la répression de la mendicité propose de taxer les billets de faveur.

1) La principale raison sur laquelle le rapporteur s'appuie pour réclamer cette réforme est une
raison de haute moralité et de justice. « Cette
« taxation, dit-il, ne devrait pas laisser indemnes
« les billets de faveur dont les porteurs sont en
« nombre effroyable à Paris, où une foule de
« gens, riches pourtant, se croiraient déshonorés
« s'ils allaient au théâtre en payant. Il est bien
« porté dans un certain monde d'avoir ses entrées,
« c'est un cachet d'aristocratie, autant que de
« snobisme et de rastaquouérisme.... » Et ailleurs : « Ils ne sont pas toujours intéressants,
« ceux qui passent leur soirée à droite ou à gau-
« che, ici ou là, au théâtre ou au concert, sans
« bourse délier, et ce n'est que justice, si, affran-
« chis par le bon plaisir de la direction, ils ne

« restent pas indemnes de leur tribut, tribut du
« plaisir à la misère, de la classe qui s'amuse à
« la classe qui peine. »

Les billets de faveur étant extrêmement nombreux à Paris, si on évalue ces places à 3 francs
en moyenne, l'Assistance publique perd 700.000
francs par an. Or la Commission propose une
taxation uniforme de 50 centimes par billet, ce
qui produira, d'après les calculs de M. Leroy,
1.445.000 francs.

Il ne s'agit ici que des billets de faveurs absolument gratuits, car d'après la jurisprudence du
Conseil d'Etat, tous les billets payants, de quelque manière que ce soit, acquittent la taxe.

Il était curieux de voir comment l'Assistance
publique allait accueillir ce magnifique cadeau ;
M. Worms, qui est son organe, montre peu d'en-
thousiasme. « Cette réforme, dit-il, serait-
« elle bien accueillie par l'Assistance publique? à
« coup sûr. Mais, serait-elle efficace : nous en dou-
« tons fort. » Et il montre que la taxation des billets
de faveur serait sans doute le signal de leur disparition ; certains théâtres ont tenté de faire payer
une petite somme ; le nombre des solliciteurs a
immédiatement diminué. Et, alors que restera-t-il
des évaluations de la Commission? où seront
passés les 2.890.000 billets et qu'encaissera-t-on
de la somme annoncée? « Il y a là des prévisions

« singulièrement exagérées et nous redouterions
« d'étayer la moindre réforme sur des fondements
« aussi incertains. »

2) Nous croyons que sur ce point le meilleur est
encore de maintenir purement et simplement la
législation et la jurisprudence en vigueur. Il est
très juste que le billet de faveur pour lequel
aucun prix, direct ou indirect, n'est payé, échappe
à la taxe. Ce que le droit doit atteindre, c'est le
prix payé, c'est-à-dire une partie du revenu du
contribuable ; dès qu'il n'y a plus de prix, il n'y a
plus de matière imposable.

De plus taxer la faveur, voilà une étrange base
pour un impôt. Les personnes qui profitent des
billets gratuits sont, dit-on, peu intéressantes.
Sans insister sur ce que peut avoir d'extraordi-
naire la pensée de vouloir en quelque sorte punir
ceux qui ne payent pas, on peut bien admettre avec
M. Worms, que ces billets « s'égarent de temps
« à autre entre les mains de braves gens, qui
« estiment qu'ils n'ont leur raison d'être qu'autant
« qu'ils ne coûtent rien, et qui, tout en allant cher-
« cher un plaisir, croient encore rendre un service
« à celui qui le leur offre gratuitement. » C'est qu'en
effet, il faut bien le dire, ce n'est pas le public que
la mesure atteindrait, car il est probable qu'il
s'abstiendrait, mais bien les directeurs. Le billet

de faveur constitue pour eux, soit un puissant moyen de publicité, soit un procédé très utile de donner aux spectateurs payants l'illusion du succès. Le spectateur refusant de timbrer lui-même les billets, le directeur se verrait donc contraint à les timbrer lui-même, ou à les supprimer ; est-ce là le résultat que poursuit la Commission ?

Enfin cette taxation est contraire à toutes les traditions et à la nature même des choses. L'entrepreneur de spectacles doit être libre d'inviter chez lui qui bon lui semble, comme pourrait le faire tout autre particulier, et sans que l'Assistance publique ait rien à réclamer.

IV. — Proposition des directeurs de théâtres en février 1900. Distinction du prix de la place et du montant de l'impôt.

Au courant du mois de février 1900, la question du droit des pauvres, qui depuis 1897 semblait apaisée, s'est de nouveau posée.

1) Les directeurs des établissements de spectacles parisiens se sont réunis en assemblée générale et, du consentement unanime, la décision suivante a été votée :

1" « Considérant que depuis l'année 1541, aucune

« réclamation des théâtres n'a été accueillie par
« les pouvoirs publics ;

2° « Que notamment depuis l'année 1864, la
« liberté des théâtres a supprimé tout privilège
« sans diminuer aucune charge ;

3° « Que l'impôt théoriquement perçu sur le
« plaisir du public est pratiquement payé par les
« théâtres ;

« Il a été convenu que :

« A dater du 1ᵉʳ mars prochain, le droit des
« pauvres sera perçu d'une façon distincte du prix
« ordinaire des places. Un avis *ad hoc* sera af-
« fiché à tous les bureaux de théâtres, et deux
« coupons, l'un du prix net de la place, l'autre
« du droit dû à l'Assistance publique sera remis
« à chaque spectateur. Un dédit de 50.000 francs
« est stipulé contre le directeur qui manquerait
« au traité établi et signé de tous. »

De l'avis général, l'approche de l'Exposition
universelle est la véritable raison de cette nouvelle protestation. Il fallait arriver à augmenter le
prix des places en vue de l'affluence certaine des
spectateurs. Les théâtres étant à Paris plus chers
que dans toute autre capitale (1), un prétexte plau-
sible était nécessaire. On songea alors au droit
des pauvres.

______

(1) *Le Temps*, numéro du 5 mars 1900.

Le système proposé a pour effet évident de faire
payer deux fois l'impôt au spectateur et d'élever
le prix du billet de 10 0/0, puisque dans les tarifs
anciens le droit des pauvres était compris.

Or, les directeurs sont absolument libres de
fixer le prix de leurs places comme ils l'entendent
et le moyen qu'ils proposent, nous l'avons déjà
dit, est en parfaite conformité avec les lois existantes. On ne peut les empêcher de distinguer
nettement la rémunération du directeur et le
montant de l'impôt ; mais alors qu'ils disent fran-
chement ce qu'ils veulent faire, c'est-à-dire augmenter leurs prix, et qu'ils ne mettent pas en
cause la taxe des indigents qui n'y est pour rien.

La presse parisienne fut presque unanime à
faire le plus mauvais accueil à cette prétendue réforme. « C'est déplacer le problème, dit M. Al-
« phonse Humbert (1), ce n'est pas en modifier les
« termes, et le système proposé revient toujours à
« faire payer par le public l'impôt deux fois au lieu
« d'une. Si la clientèle des théâtres consent, tout est
« dit ; mais consentira-t-elle ? Les directeurs de
« théâtres ne doivent pas oublier que, de toutes les
« marchandises qui sont frappées d'un droit de
« consommation, la leur est encore celle dont on
« peut le plus facilement se passer. » Ceux qui ai-

(1) *L'Éclair*, numéro du 12 février 1900.

« ment encore mieux perdre un peu sur la qualité
« que d'augmenter leurs dépenses, et ce sont les
« plus nombreux, ont la ressource du café-concert.
« Il se pourrait donc que la réforme projetée aboutit
« uniquement à augmenter la recette des music-
« halls déjà existants, peut-être à faire ouvrir de
« nouveaux établissements, ce qui achèvera de
« ruiner l'industrie du théâtre à Paris. » « Les di-
« recteurs, dit encore M. Larroumet, sont en train
« de commettre une forte sottise et ils demandent
« à la presse de les y aider » (1).

2) Comprenant qu'ils faisaient fausse route, les
entrepreneurs de spectacles tinrent une nouvelle
assemblée et renoncèrent en partie à leurs projets :

« L'application de la convention précédente
« commencera le 15 mars prochain, chaque di-
« recteur restant libre de maintenir ou de modi-
« fier ses tarifs, pourvu que le droit des pauvres
« soit perçu d'une façon distincte du prix des
« places. » En dehors de cette décision officielle,
les directeurs ont résolu de maintenir les prix actuels des places dans leurs théâtres respectifs.

Le 15 mars, la réforme proposée n'a pas été appliquée ; il est probable qu'il faudra y renoncer ;

____

(1) *Le Temps*, 5 mars 1900.

on ne voit pas en effet l'intérêt que les théâtres
auraient à y persister, car du moment qu'il n'y a
plus augmentation des prix, l'effet est le même,
que le montant de l'impôt soit distinct ou non de
la somme revenant au théâtre. Les directeurs finiront peut-être par s'apercevoir qu'ils ne font pas
de recettes parce que leurs salles sont vides et
qu'elles sont vides parce que leurs places sont
trop chères.

CONCLUSION

Nous arrivons ainsi à cette conclusion que, non
seulement il faut maintenir le droit des pauvres,
mais encore conserver le mode de perception actuel. Cet impôt ne mérite pas en effet la plupart
des reproches qui lui sont faits ; c'est une taxe de
consommation semblable à beaucoup d'autres et
qui n'atteint pas les exploitations théâtrales comme
les directeurs le prétendent ; elle repose sur une
pensée juste et morale que l'on ne songe plus
guère à contester. Quant au mode de perception,
nous avons vu combien les réformes qu'on veut y
apporter sont ou inutiles ou inapplicables ou même
dangereuses pour l'avenir de la taxe. Pour recouvrer cet impôt il faut, croyons-nous, s'en tenir aux
règles fixées par les lois de l'an V et l'arrêté du
29 frimaire de la même année, c'est-à-dire au prélèvement direct sur la recette brute, les entrepreneurs restant libres de séparer nettement le produit
de l'impôt du prix de la place.

Est-ce à dire qu'aucune réforme n'est désirable ?

Le droit, nous l'avons dit, a pour effet incontestable d'augmenter le prix des billets soit du quart, soit du onzième : ces deux taux, de l'avis de nombre de partisans de l'impôt, sont trop élevés et éloignent certains spectateurs du théâtre et du concert au profit de distractions moins saines, telles que les cafés, etc. Le plaisir du spectacle est un délassement qu'il faut faciliter à tous ; un taux uniforme de 5 centimes par franc sur les entrées dans tous les établissements serait, selon nous, suffisant.

La loi, dès lors, pourrait être appliquée à tous, tandis qu'actuellement elle ne l'est qu'aux théâtres et l'Assistance publique n'aurait plus à abaisser sous divers prétextes, la quotité de l'impôt, avouant par là qu'il est excessif. Les directeurs pourraient ainsi — et l'opinion les y forcerait, s'ils résistaient, — diminuer le prix de leurs places et ce serait un puissant moyen pour eux d'augmenter leurs recettes.

Sans doute, le produit à verser à l'Assistance publique serait réduit de moitié.

Mais, observons d'abord que ces considérations purement financières ne sauraient seules faire ajourner toute réforme. Il serait facile cependant de couvrir ce déficit. En étudiant la législation actuelle, nous avons vu que, d'après les textes, les courses de chevaux, les expositions universelles ou particulières ne peuvent être assujetties au droit de pauvres. Pourquoi ne pas les taxer et ne pas réformer les lois de l'an V sur ce point : ce sont des plaisirs, des spectacles, et il n'est pas juste qu'ils ne contribuent pas au soulagement des pauvres. Les recettes que l'Assistance publique en retirerait seraient fort importantes et compenseraient en partie la perte causée par l'abaissement du taux.

De plus, il serait possible d'avoir recours au prélèvement sur le pari mutuel, sans l'augmenter, par la simple application de l'article 4 de la loi du 2 juin 1891.

Cet article 4 interdit tout pari aux courses sauf le pari mutuel organisé officiellement par les sociétés de courses. Or, on toléra pendant plusieurs années le pari au livre dans l'enceinte du pesage, les sommes ainsi pariées échappant à tout prélèvement en faveur des indigents. En 1899, le ministre de l'Intérieur résolut de supprimer cet abus et interdit tout pari au livre. L'exemple suivant montre l'effet de cette mesure. Du 13 mars au 26 avril, dans une période de quarante-trois jours de courses, les sommes engagées au pari mutuel se sont élevées à 52.064.780 francs contre 40.593.980 pour la période correspondante de 1898. Il y a donc pour 1899 une augmentation de 11.470.800 francs. Le prélèvement de 2 0/0 au profit des œuvres d'assistance s'est donc élevé à 1.041.285 francs, dépassant de 229.416 francs le prélèvement corres-

pondant de 1898. Voilà donc d'importantes ressources nouvelles qui ne nécessitent aucun nouvel
impôt ; à Paris, l'Assistance publique se plaint, assez justement, que ces sommes sont affectées pour
une partie importante aux œuvres des départements, quand elles sont perçues sur le public pa-
risien. Pourquoi ne pas lui rendre par le produit
du pari mutuel ce qu'elle perdrait par l'introduction d'un dégrèvement sur le droit des pauvres ?
Le public ne s'en plaindrait pas et somme toute les
parieurs sont moins intéressants que ceux qui vont
se distraire et se reposer au théâtre.

Ainsi réformé, nous estimons que le droit des
pauvres deviendrait moins lourd et ce serait la
consolidation définitive de cette antique institution
qu'il faut maintenir, mais en l'adaptant aux besoins de la vie moderne.

TABLE DES MATIÈRES

AR. ROUSSEAU, IMPRIMEUR-ÉDITEUR, — PARIS

14

Le Mans — Association Ouvrière (Mauboussin, Jobidon et C⁰.) 5, rue du Porc-Épic

www.ingramcontent.com/pod-product-compliance
Ingram Content Group UK Ltd.
Pitfield, Milton Keynes, MK11 3LW, UK
UKHW021903070726
13613UKWH00001B/297